U0695938

乡韵

李光红 陈丽宇 邹洪涛 / 主编

东北师范大学出版社

长 春

图书在版编目（CIP）数据

乡韵 / 李光红，陈丽宇，邹洪涛主编. — 长春：
东北师范大学出版社，2020.6
ISBN 978-7-5681-6900-4

Ⅰ.①乡… Ⅱ.①李… ②陈… ③邹… Ⅲ.①兰州—
概况--中学—乡土教材 Ⅳ.①G634.591

中国版本图书馆CIP数据核字（2020）第097027号

□策划创意：刘　鹏
□责任编辑：邓江英　李爱华　　□封面设计：姜　龙
□责任校对：刘彦妮　张小娅　　□责任印制：张允豪

东北师范大学出版社出版发行
长春净月经济开发区金宝街 118 号（邮政编码：130117）
电话：0431-84568115
网址：http://www.nenup.com
北京言之凿文化发展有限公司设计部制版
北京政采印刷服务有限公司印装
北京市中关村科技园区通州园金桥科技产业基地环科中路 17 号（邮编：101102）
2022年6月第1版　2022年6月第1次印刷
幅面尺寸：170mm×240mm　印张：11.5　字数：181千

定价：45.00元

编 委 会

顾 问：谢 瑞（甘肃省小语会原会长）

主 编：李光红　陈丽宇　邹洪涛

编 委：（按照姓氏音序排列，排名不分先后）

陈小春　陈旭方　段尚林　郭培平　郭万钱

黄得龙　李 鑫　马保成　毛丽娟　陶仁翠

祁小红　王 燕　魏屹琨　张 莉

写给孩子们的话

亲爱的孩子们：

家乡就是我们慈爱的祖母。

祖母虽然没有通今博古的见识，但是当她眉开眼笑的时候，舒展的皱纹里总会流露出很多有趣的故事；家乡虽然没有小桥流水的旖旎，但是当我们闭目回味的时候，蕴藏在大山褶皱里的苦涩会给我们许多温暖。

祖母的故事伴随着我们度过可爱的童年，家乡的温暖伴随着我们慢慢长大。当我们感恩祖母的每一次笑颜，脑海里再现她栉风沐雨的神态时，总是坚定地向困难走去。当我们每一次自信地憧憬未来，向亲人绘就脱贫路线的时候，也应该牢记家乡温情的传承。

面对外面纷繁的世界，不要避讳我们身上的乡村印记，不论是否喜欢，我们的血液里始终散发着乡村水土的气息；面对难以预料的人生坎坷，不要忘记我们骨子里的淳朴气质，无论走到哪里，我们都要保持家乡人民吃苦耐劳的精神。

亲爱的孩子们，愿你们成为家乡精神的传承者，愿你们成为兰州梦的实现者，为中国梦的实现添上自己的一片瓦！

《乡韵》编写组

序言

　　当我读完这本《乡韵》时，心中油然产生了特殊的亲切感。虽然它是给孩子们的课外读本，却传承着兰州丰富的古老文化。兰州是陇原政治、文化、经济的中心，有着厚实的文化积淀。挖掘这块宝地的历史文化往事，让孩子们更加了解家乡的历史，是学校进行热爱家乡、热爱祖国、热爱人民教育时不可缺失的珍贵资源。兰州是我的第二故乡，也是培育我成长的肥田沃土，我怀着无比新鲜而又浓厚的欲望，逐字逐句逐段地认真读完了每篇文章，篇篇故事敲打着我的心扉，使我更深地了解了金城兰州是闪耀金光的宝地，正如著名文学家伏晓春先生说的，"倡导珍惜家乡的乡音古韵，是祖国文化的一部分珍贵产业"。甘肃省文联副主席王登渤也深情地说过："以史为脉，振兴陇原文化的精华有三个特点，一是源头性，二是传承性，三是包容性。陇原文化是中华文化宝库里的一颗璀璨明珠，闪耀着中华民族的智慧和勤劳奋进的顽强精神。"《乡韵》一书体现出了中华民族的先辈们勤劳朴实、顽强创新而自强不息的伟大气魄。

　　编写这本书的教师们怀着对习近平总书记"一枝一叶总关情"——《平"语"近人——习近平总书记用典》的崇敬之心，遵循习总书记的金玉良言，用心血履行"人民教师要帮助孩子们系好人生的第一粒扣子"的教导，在完成正常繁忙的教学任务之后，走出家门采风，深入民家访问，收集了大量的资料，在家中开灯整理，用心血写出了滋润童心的《乡韵》。

　　我捧着这散发着墨香并令人赏心悦目的书稿，想说的话太多太多，千言万语凝聚成一句话：伟大的人民，智慧的人民，前进的人民，创造的人民。在人民的身上，孩子们会汲取无穷无尽的智慧和才华。

　　请看，这本书的篇篇文章，朴实详尽的语言，会大饱孩子们的眼福；丰富多样的案例，会大饱孩子们的口福；此处无声胜有声的真实故事，会大饱孩子们的耳福；用深沉含蓄的文化内涵和感人事例浸润孩子们的心田。通过阅读与实践，将"人生是金要珍惜，人生是木要成长，人生是水要适应，人生是火要奋斗，人生是土要记根"的生存发展价值植根于心灵深处，点点滴滴渗透于孩子们的早期教育之中，为全面贯彻"坚持中国特色社会主义教育发展道路，培养德智体美劳全面发展的社会主义建设者和接班人"的教育方针，注入了新的生命活力。

我和孩子们感谢此书的编者们，你们的《乡韵》来自生活，又高于生活，将读与做、做与赞融为一体；在静中读，在动中行，将前辈的精气神内化于心，变之为行，不断创新求进，成为中华民族的后起之秀。让我们共同记住雕塑家何鄂女士讲的话：老祖宗留下的千千万万遗产上写满了密码，这个密码就是"创造"两个字。

面对黄河母亲，让我们高声唱响《乡韵》，让兰州历史文化的故事随着滚滚黄河之水流向远方，传到祖国的四面八方。

甘肃省小语会原会长　谢瑞
2018年11月

目录

在当代中西文化交汇碰撞的大背景下，地域文化逐渐步入困境。祖辈们那些娴熟的绝活濒临失传，很多世代使用的农具在孩子们的世界里消失，一些独特的地域风俗也逐渐湮没。在教育领域，地域文化不仅是个体形成地方性情感的土壤，而且是个体精神活动最重要的场所。基于地域文化的校本课程，是学生回归生活、促进个体发展的需要，是"个性化"办学的需要。工作室着眼于地域文化的挖掘，以农村独特的乡村文化、丰富的地域人文景观和无限的自然资源为基础，开发了乡韵这门课程。

一、课程开发的背景

1. 政策导向是课程开发的空间

《基础教育课程改革纲要（试行）》指出："为保障和促进课程对不同地区、学校、学生的适应性，实行国家、地方和学校三级课程管理"，并鼓励"学校在执行国家课程和地方课程的同时，应视当地社会、经济发展的具体情况，结合本校的传统和优势、学生的兴趣和需要，开发或选用适合本校的课程"。这为我们工作室开发乡韵课程提供了政策依据。

2. 师资状况是课程开发的支柱

课程的开发需要一定的人力、物力等资源。我们工作室的成员有农村的一线教师，也有城市的一线教师，更有教育教学的管理者和专职的教研员。他们都有丰富的教学经验和科研能力，并热衷于地域文化的研究，对乡韵文化有着较强的敏感度和捕捉力。这正是我们开发乡韵课程的支柱。

3. 学生需求是课程开发的内驱

学生对周围的乡土风情充满了好奇心，他们渴望了解我们的地域文化，但是无论国家课程还是地方课程，都鲜有这种介绍地域文化、乡土风情的读本。钱穆先生说："人之常情，先认识才能有感情。"我们必须让孩子们了解文化、认识文化，他们才能热爱文化、传承文化，并深深地融入日常生活中，树立传承和发扬中华传统文化的责任和意识。

做人不能忘本，不能忘根。优秀的传统文化是中国人民在几千年的历史长河中积累的人生智慧，是我们宝贵的精神财富和精神家园。作为教育工作者，我们有责任保护好我们的文化遗产，开发和实施乡韵课程，可以增加学生的生活积淀，增强学生的民族自豪感，培养学生的爱国主义情操。

二、课程目标

通过对乡土情韵的认知，学生了解家乡的风俗特点，掌握乡土文化方面的知识，学会关注身边的文化；初步掌握学习、观察和探究乡土文化的基本方法和手段；在实践活动中提高学生的观察能力、动手能力和表达能力；使学生感受祖辈劳动的艰辛，从而养成勤俭节约的好习惯；增加学生的生活积淀，增强学生的民族自豪感，为学生的全面发展奠定应有的基础。

课程目标可细化为学生在学习过程中应该达到的三个层次的目标。

1. 基础目标

（1）通过了解家乡的农产品、小吃、风俗、技艺、农具等，感受地域文化的特色。

（2）初步了解相关的操作程序，并能在活动中动手实践，提高观察能力、动手能力和表达能力。

（3）通过了解父辈的童年生活，感悟幸福，学会珍惜，学会感恩。

2. 提高目标

（1）了解身边的地域文化，感受地域文化对社会发展的影响。

（2）学会通过多种途径，运用多种手段收集地域文化的信息，从小树立保护文化遗产的意识。

（3）激发探究地域文化的兴趣和动机，能够在学习、实践的过程中体会学习的乐趣，能开展地域文化小课题研究。

3. 体验目标

（1）树立对地域文化的保护意识，能够在日常生活中自觉保护地域文化，并做好地域文化保护的宣传，使整个社会都来关注地域文化的传承。

（2）培养学生传承地域文化的社会责任感，使学生关心和关注地域文化的现状与发展趋势，能为家乡文化的传承出谋划策。

三、授课对象

适合小学中高段学生。

四、课程内容

课程内容包括六个章节："家乡的特产""家乡的小吃""家乡的年俗""家乡的绝活""家乡的农具""童年的记忆"（具体实施时可根据实际情况交叉进行）。

1. 家乡的特产

了解家乡农产品的特点，掌握野菜的生长习性，知道在生活贫困时期，这些野菜对人们的贡献及对家乡经济的促进作用。

2. 家乡的小吃

了解烫面饼子、浆水面、甜醅子、锅锅灶、臊子面等小吃的特色，知道有关特色小吃的传说，感受家乡人民热爱生活的情怀。

3. 家乡的年俗

了解腊八、迎送灶王爷、杀年猪、除夕、点天灯、火把节等过年的风俗特点，感受家乡人民崇尚善良、孝悌友恭的传统。

4. 家乡的绝活

了解挑擦、编筐、纳鞋底、碾场、打胡基等技艺，感受民间技艺的丰富多彩。

5. 家乡的农具

了解耧、犁、耱等各种农具的构造及功能，感受家乡人民在劳动中因地制宜的智慧。

6. 童年的记忆

了解父辈的童年生活，感受创造的乐趣。

绪
论

五、课程实施的建议

乡韵课程的开展，要让学生在教育教学活动中，了解家乡的风俗特点，并以此提高学生的动手实践能力。

1. 坚持四项原则

乡韵课程应以城乡教育均衡发展为指导，促进学生全面发展，必须坚持以下四项原则：

（1）互动性原则

乡土风情的教育，不能只是教师照本宣科，要充分调动学生的积极性，激活他们已有的生活积淀。在师生的快乐互动中，引导学生勤于观察，乐于表达，勇于实践，充分体现学生参与的主体性。同时，师生之间、家校之间等也应进行互动，以此形成教育合力。

（2）针对性原则

乡韵课程教育总体设计上应遵循教育规律，针对学生的年龄特点和身心特点开展；在具体设计时，应切合实际，有针对性。对中段学生，教育重点应放在观察能力和表达能力的教育与训练上；对高段学生，教育重点可放在观察、实践、表达等能力的教育与训练上。

（3）实践性原则

乡韵课程要把田野生活引进校园，让孩子们意识到我们的根就在这片土地上。在内容上，要把生活能力的培养和品德教育结合起来；在形式上，让学生能够自主合作探究，积极参与体验，动手实践。

（4）实效性原则

实效性是教育管理工作的基本任务和归宿。乡韵课程的实效性，就是要解决如何落实到师生的行动中，并有相应的成果展示。学校可开辟专栏展示课程活动中的成果。

2. 注重四个结合

要实现乡韵课程目标，在内容上应注意以下四个结合：

（1）与思想教育相结合

乡韵课程必须坚持与思想教育有机结合，培养学生在活动中学会相互协作、互相关心。

（2）与养成教育相结合

养成教育是学校工作的基本核心。乡韵课程在较大层面上与养成教育相交叉，对照《小学生日常行为规范》的要求，对学生的卫生习惯、学习习惯、生活习惯、劳动习惯进行系统的整合，在体验中促进养成教育。

（3）与礼仪教育相结合

尊老爱幼是中华民族的传统美德。在乡韵课程活动中要寓教于乐，引导学生关注家乡的风俗礼仪，让学生在潜移默化中受到文明礼仪的熏陶和培养。

（4）与心理健康教育相结合

乡韵课程的活动注意与心理健康教育相结合，能有效地培养学生健康的心理、健全的人格、顽强的意志，使其能勇敢地面对挫折，面对困难，以提高适应环境的能力。

六、评价建议

1. 教师活动

（1）能把握新旧知识的内在联系，通过创设情境，激发学生的求知欲。

（2）根据重点、难点、疑点，有效组织小组进行合作学习，设计实质性集体学习内容，用正确的方法指导学生，并渗透热爱家乡的思想，培养学生的各方面能力。

（3）融入学习小组，进行个别辅导。

（4）能采用质疑探究、小组交流、集体评价、抽检等多种方法获得学生反馈，并及时给予适当的评价。

2. 学生活动

（1）自主性学习状态

① 充分参与实践，主动收集、加工和处理学习信息。

② 独立思考，掌握方法，并能自评、自检和自改。

（2）合作性学习状态

① 乐于与他人分享，敢于发表自己的意见。

② 能听取和尊重别人的意见，实行分工合作，各负其责。

③ 有效地进行小组内的互帮互学。

（3）创造性学习状态

多向观察，善于质疑，举一反三，灵活实践。

3. 评价方法

制定本课程教学评价方案，是为教师实施课堂教学评价提供基本依据。本评价方案主要适用于对日常教学的形成性评价。

（1）等级评定办法

本评价方案采用五星级模糊评价的方法。评价分为"过程性评价"和"终结性评价"。

① 过程性评价。为了鼓励学生在学习过程中的突出表现，等级评定办法由基本等级评定办法和学习阶段性升级办法两个部分组成。

课堂基本等级评定包括五个方面，即学生对本课程的热情程度；学生投入学习的程度；学生创新意识和探索精神展示空间；学生基础知识和基本技能的掌握程度；学生运用已有知识解决身边疑难问题的能力。

② 终结性评价。学年结束，教师按照等级评价办法，根据教学实施情况、学生测试或问卷结果、学生自我评价等情况，进行等级评定。

（2）等级评定参考——课堂教学评价基本等级指标

① 学生对地方课程的热情程度。这一点主要反映学生在学习活动中是否处于最佳心理状态。从注意状态（注意力集中稳定，专心致志参与）、认知状态（观察敏锐，思维活跃）、情感状态（兴趣浓厚，充满活力）、意志状态（主动积极，克服困难）等方面评定。

② 学生创新意识和探索精神展示空间。这一点主要测评学生在学习活动中独立阅读学习材料和运用已有知识解决问题的能力、自我组织学习活动、反馈发散与聚合思维的统一结果、直觉与分析的有机结合、创造性想象的参与成果等方面。

第1章 家乡的特产

当各种野菜染绿家乡山冈的时候，黄河两岸的人家，就会掩映在乳白色的梨花里；在布谷鸟的号召下，百合花也会准时来凑热闹，将那弯弯曲曲的梯田抹红几绺；在金色的麦浪从梯田里退去的时候，淡紫色或嫩白色的土豆花就会肆意地展示自己的芬芳，南北两山上的花椒树也会缀满红艳艳的果实；当寒风把梨树的叶子吹得红彤彤的时候，黄澄澄的韭黄正在麦草下的泥土里可劲儿地成长……

随着田野里颜色的变换，家乡的特产一批批地涌向千家万户的餐桌。孩子们，让我们跟随父辈的足迹，走进乡间，奔向田野，看一看、采一采、闻一闻，了解家乡的特产，体会父辈的勤劳与智慧。

第1课　百　合

兰州百合甲天下。

家乡的南部山区，海拔高且日照充足，坡度大而土质疏松，很适合百合这种多年生的宿根草本植物。所以家乡出产的百合，除了颜色洁白如玉、肉质肥厚外，还具有养阴清肺、润燥止咳等多种功效。兰州百合在国内外享有很高的知名度，是家乡的主要经济作物之一。

喜欢甜食的人，都钟情于百合的天然美味。却不知道这鳞片层层环抱，状如白莲的作物，生长过程很漫长。从一株幼苗到成品，要长达九年。因为百合是由鳞茎繁殖的，肥大的鳞茎根部第一年生成的种球（母籽），只有麦粒

乡韵

一般大小。在百合的生长过程中，种球不会枯萎，而是从所依附的外鳞片汲取营养，生长成幼苗。

从麦粒大小长到鹌鹑蛋大小，需要三年；从鹌鹑蛋大小长到核桃大小，又需要三年；再从核桃大小到成品，还需要三年。

百合的种植分为春秋两季。春季在春分前后，秋季在十月底到十一月中旬。不管是哪个季节种植，都要选好地茬，施足基肥。最好是在没有种过百合、坡度也不太大的向阳地里，全面铺撒鸡粪、羊粪、猪粪等优质的农家肥，

百合籽

犁翻入土。栽种的时候，用犁或锄子起沟，深15~20厘米，行距20~30厘米。株距按照种球的大小来确定。种球越小，密度越大，三年后还要挖出来，再倒一次茬，主要是育种；种球像核桃一样大的，密度就小，三年以后就是成品。育种的，一沟栽三行，呈"品"字形排列；大种球的，一沟只栽一行。种百合不像种土豆，直接把种子撒进地沟，只要保证株距合适就行。百合种球不论大小，在地沟里都要扶正，顶芽垂直朝上，须根向下，根部用土壅实，不能歪斜，以免延长出苗期，影响鳞茎的生长。最后将每一沟两侧隆起的泥土耙糖平整，使种子深植于松软的泥土里。

种百合犁沟

沟内栽百合籽

四月中旬，种球无论大小，都出齐苗了。种球小的，出土的苗儿像蜷缩

的柳叶儿一样；种球大的，出土的苗儿像一把插进地里的绿掸子。如果是前一年栽的，就要松土了。用长舌锄，一边刨松行间的泥土，一边铲除长出的杂草。这一轮活儿快要结束的时候，新一轮的活儿又开始了。因为百合显蕾了，育种期的百合不必摘除花蕾，让它尽可能地在根部繁殖种球；即将成品的百合，需要摘除花蕾，为地下的种球节省养料。所摘除的花蕾，又叫作百合尖，可是一道凉菜的好食材。

百合苗

百合田

五月里，海拔低的地里，没有被摘取花蕾的百合开花了，田野里一片通红。每一朵百合花有六片橘红的花瓣，中间撑起六根嫩黄的细线，顶端各挑着一个深红色的米粒，这就是花蕊。百合花盛开的时候，花瓣向后翻卷着，在微风中摇曳，像一个小喇叭，唱着只有粉蝶才听得懂的情歌。而粉蝶不知道的是，这美丽的百合花，对我们来说也是一道很好的食材。在百合花含苞待放的时候，迎着朝阳将其采摘下来，晒干后就可以做成凉菜吃了。

百合花

中秋前后，秧苗逐渐变成棕色。乡亲们清除干枯的百合茎叶后，在生长不够三年的百合地里再一次施肥；还要将地埂或别处被晒黑的熟土铲下来，均匀地覆盖在地面，这样可以增加土壤的厚度，来年会生出更多的小种球。生长够三年的百合，就可以收获了。

百合的收获季节一般分为两茬，秋季从十月底开始到结冰前，春季从土壤解冻到三月中旬。只有这两个时期采挖的百合质量最好。秋季如果采挖过早，因为天热，鳞片变红，肉质变粗，品质会大大降低；春季采挖过晚，气温上升，新芽萌生，营养转移，糖分就会降低。如果是倒茬育种的小百合，采挖时间上可以不必这么严格，因为经过大小分级后，紧接着又要种植到地里。

采挖百合时，也是很讲究的，急不得，快不得。锄头要深及鳞茎的底部，以防损伤鳞茎。一株一株、一行一行地顺次挖取。挖出一株，拔出残留的枯萎茎叶，摘下根部的种球。将成品剪掉须根，剥去外层的黄色薄膜（俗称"黄锈"），就可以出售了。剥离的小种球，按大小分三级或四级留种。

成品百合

百合的习性是怕热不怕冻，成品不可在阳光下晒，否则鳞片变红，既影响美观，又降低质量。所以成品百合都是先储藏在冷库里，再进行真空包装，然后出售到全国各地。一般情况下，冰箱的冷藏室就非常适合储藏鲜百合。为了使更多的人吃到百合，还可以加工成百合干，运送到更远的地方。从种植百合、加工百合到出售百合，如今已经形成了产业链，成为家乡的农业经济支柱。

远方的朋友啊，如果你收到乡亲们馈赠的百合，千万不要当成普通的农产品，那可是乡亲们长达九年的血汗结晶。

（兰州市七里河区王官营小学　陶仁翠）

综合拓展

1. 学做一道以百合为材料的美味佳肴，和自己的家人一起分享。

2. 开展探究性学习，研究怎样才能使兰州百合品质更好。

第 2 课 花 椒

在我们家乡的南部山区，远看那些坐落在峁（mǎo）梁上的村落，除了几棵高高瘦瘦的槐树和沙枣树外，最多的就是矮矮胖胖的果树和花椒树了。尤其是栽在路口地块边上的花椒树，一排一排黑魆魆的，像卫兵一样，走近去看，其实是一道防护刺篱。外乡人怎么也想不到，这古朴而苍凉的地方会出产名贵的花椒。

花椒不但是乡亲们不可或缺的调味剂，用来祛除肉类的腥味，而且是乡亲们常用的一味中药，用来散寒、除湿、治咳嗽等。在缺医少药的年代，拿一个梨，从柄部横着切开，挖去中间的核后，放进20粒花椒和两块冰糖，再把梨上部拼对起来，放入碗里，在锅里蒸上半小时，成人一次吃完，小孩子分两次吃完，风寒咳嗽很快见效。至今，仍有老人用这个方法治疗感冒、咳嗽等。随着市场经济的发展，花椒的需求量也在逐年上升，花椒对家乡经济的贡献率也在不断提升。

20世纪60年代，为了培育花椒林，父辈们从河沟里背冰块上山，投放到花椒树下。在我们小的时候，还能看到黄峪乡河子村西山洼上的花椒林，与其他山头相比，好像是云朵投下的阴影一样，格外显眼。但是在改革开放后，由于疏于管理，这片花椒林已消失殆尽，现在每当说起来，大家无不扼腕叹息。好在政府推行退耕还林的政策后，乡亲们再次在荒山荒地种上了花椒树。因其耐旱的习性，其实也不必专门浇水，只要在花椒树下修好拦截雨水的地埂，把水引到树下的浅窝里，就足够花椒树喝的了。可见，花椒虽然名贵，却一点也不娇气。

花椒树苗的培育也是很简单的。由于花椒种子具有壳坚硬、油质多、不透水等特点，发芽比较困难，所以播种前要进行脱脂处理。或用淡淡的碱水泡一泡，再冲洗干净；或拌进马粪沤一沤，才可以种到地里。等幼苗可以移栽的时候，按照所需的株距重新栽到地里，浇点水，就可以成活。

　　花椒也有娇气的时候，比如开春时最怕霜冻。因为花椒树开花早，这时候一旦来霜，护理不好，就会减产或绝收。起霜的时候，只要拿点麦草，在树下点燃，用烟雾熏一熏，便可以收到一定的效果。除此之外，蚜虫也是花椒的一大危害，但只要及时喷洒灭虫农药就行。

　　花椒树产量还与是否修剪有关。以前，乡亲们总觉得花椒树浑身是刺，修剪与否，无关紧要，任其自由生长。在农技培训的影响下，大家开始懂得控制直立枝条的高度，疏剪斜枝的密度；树小时剪少，否则伤其元气；树大时剪多，内膛要通风、透光，否则内部果稀、肉薄。这样可以保证枝条吸收足够的水分和养料，尽快长出斜枝。因为斜枝营养供给充分，受光度好，花椒的产量高。

成熟的花椒果

　　每年暑假后期，花椒的果实开始红得发紫的时候，就进入采摘期了。一般情况下，摘花椒的都是老人和孩子，一是因为青壮年劳力都到地里干重活去了；二是因为老人有耐心，摘得也干净些。老人摘树冠高处的，小孩子摘低处的。花椒树浑身是刺，指头被扎伤是常事。但好处是被花椒刺扎伤后，很少有感染的。这也许就是花椒是药的缘故

待摘果的花椒树

吧。丰收年的花椒，都是成串儿成串儿的，细细的红色果茎上，坠满了一粒粒像要流出油来的红椒果，在深绿色的树叶中，格外耀眼。只要伸手将一串儿顶端最粗的果茎掐断，就整串儿在手了。卖力点，爷儿俩一天可以摘两棵大树的花椒，能收获三四筛子花椒果。只是摘过花椒的手可不能揉眼睛，否则眼睛会被麻得流泪不止，不过也不必害怕，用清水洗一洗就没事了。

　　摘回的花椒果要及时在烈日下晒干，可不能长时间放在背阴处，以免花椒果霉变而影响质量。当红红的花椒果渐渐变瘦，呈现淡淡的紫色，花椒果就

会裂开，露出浅黄色的内壳，吐出油亮亮的黑色种子。储藏的时候，最好是花椒壳和种子一起混装起来，花椒的味道就会浓一点。在出售的时候，再用簸箕将两者分离即可。

采摘的花椒

晒干的花椒

花椒籽

花椒树浑身都是宝。入秋后的叶子捋下来，晒干后捣成粉末，卷在饼里会增添一种特有的麻香味；分离出来的黑色种子，可以榨成油，成为一种特殊的调味剂；老朽的枝干，截下来打磨光滑后，是老人们捶打经络的上好物件儿。

慢慢回想起来，花椒就像我们的父辈。花椒多刺，有时会扎伤你，却把所有都贡献了出来；农民虽偏，有时只认死理，却将最好的产品供给他人。

（兰州市城关区教学研究室　陈丽宇）

综合拓展

1.合作学习：哪些美食里一定不能少了花椒，为什么？

2.动起手来，为花椒制作一张名片，把它介绍给更多的人。

第3课　野　菜

　　不管哪一个季节，在家乡南部山区的农村做客，如果在餐桌上见到野菜，你千万不要觉得主人家寒酸或是吝啬。这不起眼的一盘野菜，已经说明了你在主人家心里的地位，因为野菜是我们的特产之一。

　　家乡的老人们对野菜有一种特殊的感情。听奶奶讲，在生活困难的年代里，家家户户都有储藏野菜的习惯。无论是去地里锄草的时候，还是去野外割草的时候，都要把野菜单独挑出来，要么择洗干净后下锅，要么晒干后储存起来。在奶奶眼里，野菜已经是一家人的口粮之一了。

　　在玉米糊里，加进去一把切碎的野菜，或者将玉米面和野菜做成菜团子，曾经是乡亲们充饥的主食。曲曲菜炸的浆水、凉拌的蕨菜，至今还是大家的最爱。老一辈的人说起野菜，就像忆起了一位亲人一样，感叹不已。

灰条菜

蕨菜

　　家乡的野菜，主要有曲曲菜、灰条菜、苜蓿尖和蕨菜等。曲曲菜也叫苦苦菜。叶片呈披针形，边缘有锯齿，颜色一般绿中泛点灰。在朝阳地方生长的，叶片还会泛点红。质地脆嫩，只是味道有点苦。乡亲们把绿色稍浓而苦味稍淡的一种叫甜曲曲，灰色稍浓而苦味稍重的一种叫苦曲曲。无论哪一种，根部都是白色的，采挖的时候都要带上一截根，因为根部的苦味最淡。挖掉一部分根也不必担心，过一段时间后，它还会长出来的。不论是叶片还是根部，只要弄断的地方，都会分泌出乳状的汁液。开春以后，顺着水浇地的地埂走，就能找到很多曲曲菜，曲曲菜最喜欢盐碱丰富的泥土了。只要没有起苔开花，都可以采挖。

曲曲菜

曲曲菜有清热解毒、凉血利湿的功效和丰富的营养价值，已被更多的人所熟知。近几年来，来乡间边踏青边挖曲曲菜，到菜市上出售曲曲菜的大婶们，渐渐多了起来。

灰条菜又名灰灰菜，是一年生草本植物，大概是叶面像落了层灰而得名。每年的三四月采摘娇嫩的茎叶，在开水中略焯一下，漂去苦味，可制成多种菜肴。因灰条菜含有丰富的胡萝卜素和维生素C，可增强人体免疫力，也深受乡亲们的喜爱。

大家最喜欢的就是蕨菜了，可能是没有苦味的缘故吧。生长在家乡南部大尖山向阳山坡上的蕨菜，是一种野生的植物，五月中旬开始出土，叶缘向内卷曲，最初的时候，像握住的拳头形状，乡亲们也叫它拳头菜、龙头菜。叶柄细嫩时长有细茸毛，但蜷缩的叶片不几天就会展开，叶柄也草质化，变成光滑的茎秆，茸毛自然就会消失。这时候就不能吃了。所以蕨菜的采摘期很短，五月下旬到六月初是最佳采摘期。

乡韵

　　家乡的妇女儿童，将采摘的20厘米左右长的蕨菜扎成一把一把的，背到市场上去卖，曾经也是一趟难得的进城机会。没空去卖也不要紧，只要在开水锅里烫一下，捞出来，阳光下晒干，就可以较长时间地储存了。

　　蕨菜可以凉拌，也可以热炒。新鲜食用的时候，要在开水中焯一下，用来清除表面的黏质和土腥味；蕨菜干食用时，要用温水泡一会儿，再配以鸡蛋或肉类烹制。不管哪种方法，因其排毒清肠、扩张血管的功效和鲜美的味道，深受乡亲们的喜欢，是大家招待远方客人的名菜，更是馈赠好友的佳品。

　　这些野菜虽然名不见经传，可的确在艰难的日子里，帮先辈们渡过了难关，至今依然为我们默默地奉献着自己。不论我们喜不喜欢它们，不论我们走到哪里，都应该记住它们的模样。

（兰州市城关区宁卧庄小学　毛丽娟）

资料袋

曲曲菜的传说

　　很久以前，有一个逃亡的太子，经过一片荒野时，又累又饿，实在走不动了，便一屁股坐在了地上。他巡视四周的旷野，稀疏的几棵树上没有一粒果实，仰天长叹道："吾命休矣！"当他悲伤地低下头时，看到脚下几片长着锯齿形叶子的野草，上面还有暗红色的脉络，在阳光下很是鲜美。一棵挨一棵、一丛连一丛，饿极了的他随手采起一把，塞进了嘴里，没想到这叶子略微有点苦，可是后味里的一股清香激起了他的食欲。他很激动，一边狼吞虎咽，一边舔着手上的汁液。他从没吃过这么好吃的美味，一会儿就吃了个肚儿圆，浑身也有力气了。可他不敢停留太久，只能采集一些备用。在他出发时，回头看着这片野菜郑重发誓，有朝一日登上皇位，一定好好封赏这种野菜！

　　后来，这位太子真的当上了皇帝。他重赏了效忠于他的大臣、官兵，还封赏了一些奇花异草，就是把救过他命的野菜给忘了。

　　十年以后，他的銮驾又经过那里，再次看到了救过他命的野菜，急忙吩咐人呈上来。他拣了几棵放到嘴里，却"呸"地吐了出来，只觉得满口的苦涩，和当年的味道完全不同了！他忙问当地的官员这是怎么回事。那官员战战兢兢地说："以前这种野菜是甜的，可是不知为什么以后就变苦了。"皇帝仰天长叹："它心中有曲啊！以后就叫它曲菜吧！"这就是曲曲菜名字的来历。

综合拓展

1. 和爸爸妈妈一起去野外，认识野菜，挖野菜，回来用野菜做一道美味。
2. 把自己在野外认识的一种野菜介绍给大家。

第 **1** 章 家乡的特产

第 4 课　土　豆

　　记得小时候，父辈们谈起土豆的时候，总是无比的敬畏！在20世纪六七十年代，家乡遭遇罕见的旱灾，村里好多人都饿得面黄肌瘦，一些村落出现了远走新疆的逃荒者。只有村里引进的一种叫"麻棒子"的土豆，在秋天时大面积丰收，虽然口感略麻，但是它让大伙儿活了下来。所以直到现在，乡亲们的土豆情结仍然无可取代。每当提起"麻棒子"土豆，老人们的眼里总是噙着泪水，激动地说个不停，就像怀念一位恩人一样。

　　土豆，学名马铃薯，蕴含着丰富的营养价值，其中蛋白质和维生素C含量超过苹果，还是低脂肪食材，有利于减肥。据相关医学资料显示，土豆还可以有效地降低中风的危险。土豆虽然外表没有规则的形状，有像椭圆的，有像线锤的，有像小圆球的，浑身不是这儿凸起来就是那儿凹下去，表面还分布着一个一个的脐眼，怹是土黄色外表里的白色肉质，让很多人成了热衷于它的"吃货"。

　　家乡的二壤和气候非常适合土豆的生长。"麻棒子"这个品种早已被淘汰，乡亲们引进了新的品种，有红皮的，有黄皮的。每当初秋，白色和粉色的土豆花与嫩绿的秧苗交织在一起，成为家乡一道亮丽的风景。土豆自然也就成了家乡的特产之一。

土豆花

每年的五一劳动节前后，就是种土豆的季节。可是准备工作，在严冬的时候就已经开始了。不下雪的早晨，只要听见巷子里的马蹄声，就知道这是爷爷牵着骡子往地里驮运肥料。马粪、羊粪、猪粪或烧炕挖出的草木灰，都是种土豆的好肥料。所以只要哪块山地里布满一行一行的粪堆，这块地肯定是种土豆的。开春后，将粪堆散开，犁一遍，耱平整。到种的时候，肥料在地里已经发酵好了。

种土豆的骡子和犁

播种之前，老人们根据地块的大小，估量所需种子的多少后，开始切籽。就是把土豆按照脐眼切成小块，每一块上至少有一个脐眼，每一个脐眼就是一个芽眼，然后在切好的种子里拌上草木灰。爷爷说，这样种子切面的水分就蒸发得慢一点，发芽率高。

播种的时候，一个人套好骡子，在地里犁起约20厘米深的垄沟，一个人提着筐篮，将种子以20～30厘米的株距撒进去。可是犁第二沟的时候，是不用撒种子的。一是为了留开行距，二是让犁起的土掩埋第一沟里的种子，以此类推。等种完后，卸下犁，套上耱，一人牵骡子，一人踩在耱上，拽着骡子尾巴，把整块地耱平整，既能将种子严严实实地埋在地里，又可以很好地保墒。

土豆田

土豆花果

土豆是很好侍弄的庄稼。来不及施底肥，它也不恼，只是幼苗看起来有点发黄。只要在每一株跟前及时施肥，再壅上土，它还是会苗壮成长的。土豆在成长期也很少生病，只要及时除去杂草，尤其是灰灰菜，就可以获得丰收。

土豆田

中秋节前后，就是收获土豆的季节。地里的秧苗也开始发蔫，一脸的倦意，就像待产的妈妈一样。哪一株苗下的土地裂开口子，里面至少有三四个拳头大小的土豆。只要瞅准一株，举起宽舌面的锄子或三钉锄，在远离它的空沟处挖下去，向外一拉，就会跳出白色或红色的新土豆。下锄的时候不能离秧苗太近，否则锄刃会砍伤里面的土豆；也不能离得太远，否则向外拉的时候太费力。有经验的人挖过去，秧苗丢成一溜，土豆撒成一溜，远远看去，就像刻意摆放的一样。

挖土豆的锄头

挖土豆的三钉锄

成熟的土豆

挖出的土豆

　　土豆不能冻着，不然轻则发甜，重则流汁腐烂；也不能长期曝光，不然表皮发绿，长芽。如果储藏不当，就会影响土豆的质地和口感。为了保鲜，家家户户的院里都会挖一口专门储藏土豆的地窖，约三米深，有的还在地窖底部的两侧各挖进去一个窖洞。这样的一口地窖可以储藏三十麻袋土豆。每年地窖空了的时候，一般都在盛夏时往里面放点水，乡亲们叫洇窖，这样可以加大窖里的湿度，免得因为蒸发量过大而使土豆蔫了。

　　土豆收完的时候，家乡也就进入了冬季。尤其是在下雪天，煮上一锅土豆，一家老小围在一起，一边左右手里倒着，一边剥去裂得像花瓣一样的皮，就着腌酸菜或辣子酱边吃边聊的温馨场面，总是叫人回味无穷。

餐桌上的土豆

　　因为家乡产的土豆瓢沙味美，深受各地的欢迎，所以土豆已不仅是家乡人的主食之一，更是我们重要的经济作物之一。

　　　　　　　　　　　　（兰州市城关区张掖路小学　王燕）

📖 综合拓展

　　1. 了解土豆的生长过程，制作绘本故事：《土豆的一生》。

　　2. 学做一道以土豆为材料的美食。

第 5 课　韭　黄

　　韭黄，是在不能进行光合作用的黑暗中长成的韭菜，在全国各地都有栽培，但是我们兰州产的韭黄，因叶厚茎肥、味道鲜美而冠绝天下。

　　每一根韭黄都是由叶片层层抱合成茎，最少的叶子也有五六片。根部到叶子之间白色的部分就是抱合而成的营养茎，长二三十厘米，比筷子还粗。卷曲的叶子嫩黄鲜亮，比韭菜叶子厚，散发着诱人的韭菜香。韭黄因为含有丰富的蛋白质、维生素和人体所需的矿物质，具有驱寒散瘀和增进食欲的功效，所以深受大家的欢迎。每年的年夜饭，除了传统的臊子面，韭黄馅的饺子已成为兰州市民的必备品。

　　很多人喜欢韭黄的鲜美，却不知道韭黄生产中的辛苦。总觉得韭黄是多年生的草本植物，只要种上年年收获就行，是个懒庄稼。事实却不是这样的，从播种韭菜籽到收割韭黄，至少要三年的时间。

　　第一年选种培育起来的小苗，第二年开春后还要移植。在施好底肥的地里，用锄子拉开至少20厘米深的沟，按2厘米左右的株距栽植幼苗，在根部覆盖上两三厘米厚的土，可不能埋住叶心。移植后要及时浇上水，但不能浇得太多。行距控制在60厘米左右。等泄了气的幼苗缓过劲来，再填些土，帮它站直身子。

　　进入初夏，扎稳了根的小韭菜开始疯长，肥壮的叶子也垂落到地上。从这时候开始，就要不断培土。一般是浇一次水，培一次土，共计三次。每次培土的多少要看韭菜的长势，长得茂盛，培土五六厘米高；长势略慢，培土二三厘米就行，多了反而影响长势。不断培土主要是让韭菜叶片抱合成茎。

　　如果底肥充足或追肥及时，这时候就有韭苔可收了。从中间长出一根绿油油的茎条，顶端一个米粒大小的花蕾，非常鲜嫩，在底部轻轻一掐，就可摘下。采摘韭苔的过程，乡亲们叫作打韭苔。基本上每两天就要打一次。不要以为打韭苔是很浪漫的事情，乡亲们大都是夜间进行，一大早就要到市场上去卖，好早点赚回两年来的投资。在经年累月的劳作中，膝盖因夜间露水的潮湿和腰椎因频繁的弯腰作业，经常隐隐作痛，已是打韭苔的职业病了。

随着秋季的天气一天天转凉，韭苔产量逐渐降低。乡亲们给韭菜深培20厘米左右的土，施足肥，浇满水就可以过冬了。这一季的韭菜，因为根系还不够发达，一般也不生产韭黄。

第三年的时候，施肥、浇水的次数增多，出产的韭苔也多。初冬的时候，韭菜开始枯萎，浇过冬水后，就要把大量的农家肥，最好是鸡粪，铺撒在韭菜地里，有的还按照每米一千克左右的比例，在韭菜垄沟里撒上麻渣（榨油剩下的渣）。肥料充足，韭黄才能长得肥壮。接着用铁锹把垄上培起的土切下一层散开，再用专用镰刀在韭菜与土壤相接的地方割掉，把韭菜秧子平铺在沟垄上。然后覆盖上约10厘米厚的麦草，再盖一层地膜塑料，用土将地膜压住，以防被风吹走。乡亲们把这一过程叫压韭黄。麦草厚与薄，调节着韭黄生长的速度。草厚，温度高，长得快；草薄，温度低，长得慢。这就是同时压的韭黄，而收割时间迟早不一的原因。除此之外，麦草隔离了阳光，韭叶无法进行光合作用，就变成黄的了。

成熟的韭黄

压韭黄的把式计算得可精了。早菜的收割期在腊八前后，正赶上节日，韭黄出售快，可以卖个好价钱。迟菜的收割期在春节前后，也是好日子，市场需求量大，也可以卖个好价钱。

起　草

割韭黄镰刀

　　收割韭黄不是一户人家可以干得了的，乡亲们总是几家人协作完成。有的收地膜，有的用铁叉挑走麦草，有的捡拾碎草，飞扬的尘土比铺草时还要多。等尘埃落定，韭叶就像冬日里的金菊一样，向勤劳的人们露出笑脸。这时候，一个人在前面拿锄头挖开韭黄根部的土，一个人拿着用菜刀改制成的镰刀，在后面顺着挖开的地表割，最后面的一个人提着篮子，捡拾倒地的韭黄。这几个人里面，最重要的就是手握镰刀的人，必须是有经验的壮汉子，不但下刀的深浅要掌握好，还要力气大，一刀要割透。下刀太深，伤及根部，不再发芽；下刀稍浅，造成营养茎的浪费。

割韭黄

　　韭黄很娇气，既怕冷，又怕热，存放温度在-1℃～3℃之间最好。冻着了，茎叶开始流水；热着了，茎叶开始变绿。不但影响口感，还会破坏营养。收割后，就要及时扎成小把，装进篮子里，用棉被或塑料包好，送到市场上。

扎好的韭黄

收割期一旦到了，无论行情和天气好坏，都要及时收割。即使下雪，也要搭棚来收割的。不然，茎叶就会老化，影响质量和收入。

虽然韭黄炒肉丝、韭黄馅的饺子是很多人的最爱，但是他们不知道，娇嫩的韭黄后面，站着多少我们坚强的父辈。

（兰州市七里河区宋家沟小学　李光红）

综合拓展

1. 走进菜市场，选购韭黄，和家人一起包一顿韭黄馅饺子。

2. 韭黄好吃却不易储存，请大家展开调查：怎样才能更好地储存韭黄？

第1章 家乡的特产

第 6 课　软儿梨

　　"冰天雪地软儿梨，瓜果城中第一奇。满树红颜人不取，清香偏待化成泥。"这是于右任先生对软儿梨的赞美。在有"瓜果城"美誉的兰州，软儿梨更是有着"天庭神仙味，人间灵芝草"的盛名。除了兰州什川镇的百年梨园外，在南部大尖山支脉的山坳里也分布着软儿梨树。这些沟沟岔岔里出产的软儿梨，由于浇灌的是泉水，吃起来口感更加香甜。

软儿梨花

成长中的软儿梨

　　软儿梨和冬果梨一样，也是晚熟型的水果。软儿梨连接果柄的地方不像冬果梨一样凸起，果实更像球形，正下方还有一个小窝窝，所以好多人又叫它"窝窝梨"。软儿梨开的花和冬果梨的花一样，都是五片白色花瓣。只有家乡人才能分得清哪是软儿梨的花，哪是冬果梨的花。冬果梨先开花后抽叶，花瓣也更洁白一些；软儿梨开花抽叶是同步进行的，花瓣更接近乳白色。远看起来，满树白色的就是冬果梨，泛点绿意的就是软儿梨。每当春天的时候，果园就是人们体验"忽如一夜春风来，千树万树梨花开"的好去处。身处兰州什川镇梨花会的游客，正是因为软儿梨树上的点点绿意，才意识到自己在春天里。

　　涩味淡、渣少、个头大的软儿梨才是上品。要想收获这样的产品，是偷不得半点懒的。摘完梨后，要浇足水，补充养料。发芽前，如果是老树，要用刮镰剔除枝干上的老皮，免得寄生虫卵寄生；如果是年龄不大的树，要剪除直立向上的新枝，减轻养料输送的难度。发芽后，施肥浇水，喷洒农药，预防病虫的入侵。果粒显现的时候，如果很稠密，老人们就会举着一根顶端带叉的长

刮除梨树朽皮的镰刀

杆，一枝一枝地掰掉一部分果粒，好让留下的果粒长大点……

秋分时节，果园里开始弥漫浓浓的果香，人们开始摘果子了。一根拴着挂钩的长绳，一个柳条编制的小筐，一架三角云梯，是摘果子的必备家当。这云梯是由一根四五米长的檩条，穿上许多长30厘米左右的横杆，外加两根四五米长的椽子组成的。架云梯的时候，小孩子是不允许到跟前来的。小孩子只能在树下等着，每当装着黄澄澄的软儿梨一筐一筐地从树杈间溜下来的时候，才争先恐后地跑过去，从挂钩上取下筐篮，提到指定的地方，轻轻地倒出果实，再把筐篮挂上挂钩。其间，不忘挑一个泛红的软儿梨，咬上一口。

摘梨的梯子

成熟的软儿梨

在大人们的欢声笑语中，在孩子们的吵闹争抢声中，树下铺着麦草的地上，金光灿灿的软儿梨越堆越多，梨香扑鼻。虽然果皮有点粗糙，有点酸涩，略带渣子，但是果肉绵软，汁水充盈。无论男女老少，都要吃那么几个。即使

摘果时不慎跌落的果实，人们也舍不得扔掉，捡回家洗干净后，煮上一锅，就是酸甜爽口的晚餐。

一棵棵摘完梨的树，像产后的母亲一样，看起来疲惫不堪，曾经被压弯的枝条慢慢地伸起腰，像在感叹一样。一棵中不溜的树能产果五百多斤，一棵大树可以产果千斤左右，难怪老人们把果树叫"高田"。

此后的软儿梨树，像是怕人们忘记它们一样，让树叶在秋风中渐渐地变黄，再变红。似乎在激发人们"停车坐爱枫林晚，霜叶红于二月花"的情致，挣扎着要把今年的最后一缕美丽彻底地奉献给勤劳的乡亲们……

软儿梨运回家后，又被轻轻地倒在柔软的麦草床上。人们早在摘果前，就在一间专用房里扎好了像货柜一样的架子，并在上面铺了麦草。有的人家最后还要在果实上面盖上一层麦草。这么做的目的是让软儿梨早点"盗汗"，让软儿梨的果肉早点变软。"盗汗"越早，果皮的颜色越黄，散发的香气也越浓。随着天气的转冷，在数九寒天里，软梨儿悄悄地变成黑褐色的冰疙瘩。这也是软儿梨被叫作"冻梨"的缘由。经此一变，软儿梨初熟时的酸涩之味完全消失了，口味也变得愈加甜美。

冬天的软儿梨

在大雪封山的日子里，一家人围坐在热乎乎的炕上，这时取来一盆软儿梨，倒进两瓢冷水，瞬间梨皮外面显现一层薄冰，捞出来敲掉薄冰，黑皮里面就成了一包香水。用手撕破表皮，吮吸上一口，甘甜爽口，沁人肺腑，余香久久不绝。软儿梨又叫香水梨，也因此得名。一家人聚在一起过冬的氛围，也被软儿梨浓缩得更加甜蜜。

软儿梨不仅是冬天里的奇葩水果，而且因其具有清热润肺、止咳解酒、帮助消化等功效，深受家乡人民的喜爱。

　　如今，偶尔在兰州的街上，听到叫卖软儿梨的吆喝声，不由得要驻足片刻，买上一两斤。因为那声音、那味道，岂是"温馨"二字了得啊！

（兰州市城关区西北新村小学　邹洪涛）

📖 资料袋

软儿梨的传说

　　在家乡，软儿梨还有一个美丽的传说。相传在南宋年间，在兰州南部的一个乡村里，有一个姓郭的老头，不但心地善良，而且善于种植各种瓜果。

　　有一年秋天，让郭老头高兴的是，不但田里的瓜果又获得了丰收，而且屋后的几棵青梨也挂满了青中泛红的果实，还散发出阵阵芳香。郭老头寻思道："这梨虽然味带酸涩，如果低价卖的话，也是一笔收入。"于是，一家人忙活了一天后，把梨全部收进屋子里，准备忙完地里的活儿以后，挑到街上去卖。为了防备家禽的破坏，还用麦草盖了起来。没想到老头忙完后，天公不作美，断断续续地下了将近半个月的雨。天晴的时候，郭老头想起屋里存放的梨，揭开麦草一看，不由惊呆了：好好的梨，全部变成了黑不溜秋的。老伴儿懊恼地说："唉，白费了一天的工夫！这老天爷的雨也下得不是时候。"老头也气得坐在门槛上抽起了闷烟。正在这时候，从门外进来一个化缘的和尚，趿拉着破草鞋，僧衣也破烂得不成样子。来到老两口跟前说："施主，老衲云游四方，路过宝地，饥饿难耐，请施舍点吃的。"老头叹了口气说："唉！今天闹心，还没生火，灶上没有吃的东西给你，请师父另到别家吧。"和尚环视屋子一周，用手一指："屋里的香梨，岂不是现成的吗！莫非施主舍不得？"郭老头一听，哭笑不得，无奈地说："师父，如果你真的要吃，你……你就吃个饱吧！"和尚也不客气，抓起一个撕去一块黑皮，把嘴对着撕破的梨上吸了又吸，称赞道："甜，甜啊！"和尚袋里装，帽里放，又用衣襟兜了几个，飘然而去。和尚走后，老头也拿起一个，学那和尚的方法吸了一口。呀！这黑不

第❶章　家乡的特产

溜秋的梨子，居然没有了酸涩，还甜美无比。原来，经过增温发酵，梨的酸涩苦味没有了，变得甘酸适度，味浓质优。

郭老头想着拐脚和尚的相貌，说这是济公活佛亲自指点，老两口朝着和尚离去的方向拜了再拜。

第二天一早，郭老头高高兴兴把梨挑到街上去卖。因为这梨其貌不扬，看上去又黑又烂，人们都不屑一顾地掩鼻而去，有的则对郭老头说："这老头疯了，怎么拿烂梨卖钱？"郭老头却笑着说："别看它样儿丑，真乃天庭神仙味，人间灵芝草，只要尝一口，保你想断肠。"说着亲自示范，好奇的人也跟着尝，美妙的滋味使人们都吃惊了。眨眼间，一担梨被一抢而光。没有买上的人，跟到郭老头家里去买。几天时间，郭老头的一屋子梨便卖了个精光。从此，软儿梨在兰州遍地开花，名扬天下了。

📖 综合拓展

1. 调查了解：软儿梨是怎样变黑的？人们为什么爱吃变黑的软儿梨？
2. 营养小课堂：请你做营养小讲师，向大家介绍软儿梨的吃法及好处。

第2章　家乡的小吃

"十里不同风，百里不同俗。"特定的地域文化造就了特有的饮食文化。不同习俗的人群聚合，带来了不同风味的食品，使得家乡的小吃自古就丰富多彩：色香味美的臊子面，清爽解暑的浆水，金黄酥软的烫面饼子，醇香甘洌的甜醅子……这些味道，已经在漫长的时光中和故土、乡情融合在一起，才下舌尖，又上心间。

走在家乡的街头巷尾、城郭村落，去寻找、品尝各式各样的家乡小吃，做一个家乡美食的代言人。

第7课　锅锅灶

在洋芋成熟的季节，如果梯田纵横的山坡上，有缕缕炊烟升起，一定是有人在烧锅锅灶。这样的炊烟，就是一把钩子，吊起记忆中沉睡的味道；更是一部幻灯机，在脑海里放映起鲜活的画面……

锅锅灶是一种烧洋芋的技术，是谁发明的，哪里兴起的，已无从可考。但是，这种技艺代代相传，父辈们都是烧锅锅灶的好把式。要想烧好锅锅灶，必须掌握挖、垒、烧、打的技术，哪一个环节的火候稍欠一些，都会影响烧出的洋芋的味道。

挖灶相对简单些，主要是选址问题。一般情况下，灶都挖在地边的土坎上，一来这里的土干燥，烧的时候节省柴草；二来干土的承重力好些，垒好的炉塔不会轻易崩塌。土坎如果比较矮，先铲平上面做灶台，再把前面削得和灶台大致垂直。接着从上面的中心点垂直向下挖，形成一个下边大、上边小的圆台状灶膛。灶膛的大小和深浅，要看烧的洋芋多少来定。灶膛到坎边的距离也不能太近，最少要有一拃，否则垒土块的时候就会增加难度。灶膛挖好后，在前面底端的中部挖一个矩形的灶眼，用来添加柴草。洞口离上台面也不能太近，一般大于一拃，否则会埋下炉塔崩塌的隐患；而且开口一般小于上面，否则不利于热量的聚集。

土坎如果比较高，就要向里面挖一个浅窑洞，再铲平底面做灶台。水平高的，挖一个锅锅灶是用不上几分钟的。

垒灶是最能体现技术高低的。从土坎上挖下来干土块，掰成长短不一的楔形，大头向外，小头朝内，在灶台上的膛口周围一层一层垒起来。每垒高一层，就向内收一点，所用的土块也越来越小，最后合拢收顶，成一个近似圆锥形的土塔。土块中间的空隙也是大小有致：太大，火苗蹿出外面了，不利于聚集火力；太密，烟雾散不出去，不利于充分燃烧。说起来容易，操作起来可不容易。把式好的人，拿起一个土块时，就琢磨好了它的棱角和面儿，这块土疙瘩放在哪儿，怎么放稳当，已经胸有成竹，放手就落定。而且动作很快，一块一块的土疙瘩像是会听话，在他的巧手下，老老实实地坐在自己的岗位上。

把式不好的人，即使一看、二试、三放，垒不好也就塌了。尤其是快要合拢收顶的时候，如果一个土块放不稳，滚下来，几近成型的土塔就会崩塌；如果一个土块的放置，导致土塔的重心失衡，也会崩塌；如果心里紧张，或不小心的话自己也会碰塌的。所以技术不熟练的把式垒灶的时候，一般都把我们支开，派我们去田间地头捡拾枯蒿干草，不要靠得太近；要么只允许我们选择、捡拾土块递给他，不许直接垒土块，怕我们手底下没轻重。

如果烧的洋芋多，灶膛大，灶塔上的土块嫌少的话，好把式会在灶塔外围再垒上一层，形成双层灶塔。若是这样，所用的柴草也就多一些，烧灶的时间长一些罢了。

灶垒好后，柴草也早就准备停当了。我们急着来点火。这时候的把式不会再撵了，只是交代：一要及时扒出灰烬，让灶膛里有足够的燃烧空间；二是扒灰时不许灶膛灭火；三是每次添加的柴草不能太多；四是拿柴草时不能碰触灶塔。然后去地里继续干活了。

垒好的锅锅灶　　　　　　　　　点火的锅锅灶

当我们被烟熏得扭头擦泪，或者小脸被草灰染黑，或者被灶塔里窜出的火苗烧到头发大声叫喊的时候，大人们总是笑声一片，却不见一个人过来，只是大声提醒别离灶塔太近。

虽然烟熏火燎的，但是没有一个小伙伴愿意离开。因为这种场合，不但能吃到让人垂涎的锅锅灶洋芋，还能享受课堂上没有的乐趣。

在我们的努力下，火苗蹿出灶塔了，顶端的土块一个个变成了炉膛里的煤块。耐不住性子的小伙伴向大人们喊："红了，锅锅灶红了！"几声之后，换回的只是一句："柴草还有没有？"当负责往灶眼里添加柴草的回答："有，还多呢！"就会听到一句："接着烧！猴急啥呀！"

柴草渐渐地少了，灶塔上红彤彤的土块也越来越多。窜出的火苗直接把灶塔笼罩在里面，甚至灶膛里的柴草烧完了，还没来得及添加，但笼罩在灶塔上的火焰依然不退。这时候的小伙伴们不再冒失地喊叫了，一个个看着添加柴草的伙伴。

"快去，灶子红了！"

伙伴们有的去叫把式了，有的去地里捡洋芋了，有的去要大人们手里的铁锨了，有的帮着掩埋扒出的灰烬。大伙儿都为打灶环节做着力所能及的准备。

把式来的时候，怀里总会抱着一个大土块。当他看到灶膛里灰烬已被清除干净时，一边快速地将手里的土块堵在灶眼上，一边对伙伴们讲述："灶膛里的灰烬要扒干净，要不然洋芋串了烟味，就不好吃了。"紧跟着接过伙伴手里的铁锨，飞速地铲几锨土封死灶眼。此时此刻，伙伴们都不再叽叽喳喳了，因为打灶要开始了，这是又一个最具技术性的环节。

封闭灶门　　　　　　　　打锅锅灶　　　　　　　　封闭灶眼

　　把式右手倒转铁锨，在灶塔顶端，用铁锨把头轻轻地捅开一个窟窿，左手飞速地抓起两三个洋芋丢进灶膛里，右手用铁锨把拨拉下去几个土块。有时会扔掉个头不匀称的洋芋，有时会用铁锨把在灶膛里捣一捣。这时候，除了洋芋在灶膛里的呻吟声之外，就是把式的讲解声了。

　　"打灶关键把握两点：一要快，尽量减少热量的散失。二要匀，洋芋大小要匀，不然大的熟了，小的就焦了；下膛的洋芋和土块要匀，一层洋芋，一层土块，土块和洋芋要间隔相混，尽量不要让洋芋和洋芋挨着，这样受火才会均匀，烧出的洋芋才能个个黄皱皱！"

　　白色的洋芋和红色的土块，顷刻间都进了灶膛。但是把式的速度还是那样快，再次倒转铁锨，猛拍灶膛上面。突然，被拍碎的红土块像开了锅的粥一样，噗突噗突地冒起热气来，把式又铲些湿土盖在上边，封死灶膛口。当他撩起衣襟一边擦额头，一边爽朗地笑的时候，我们才反应过来，灶打好了。

　　锅锅灶烧洋芋就是这样朴实和简单。原料来自田野，透露着大自然的本色。香味靠自身的品质，凝聚着农民父辈的风格。慢慢想来，不论做事还是做人，只要是老百姓代代相传的，哪一件哪一桩不是如此呢？

　　只要锅锅灶里飘散出熟悉的香气，大人们总会站在地边上喊上一嗓子：

"锅锅灶熟了。"不论烧洋芋的时候，你参与了没有；不管是上下块地里的，还是前后地里的人，都会凑到灶边来。年长者打开封堵的灶眼，拨出一个个黄皱皱的洋芋，分发给老老少少。大家一边左右手倒着滚烫的洋芋，一边赞叹着把式打灶的手艺。洋芋的水分都被土块吸干了，只要噗噗吹几下，外表一片金黄，里面洁白如玉。吃起来表皮干脆，里面柔软，又酥又香，风味独特。如果是在村落里，洗上一把小辣椒就着吃，那滋味我敢保证你一生难忘。

启锅锅灶

（兰州市七里河区宋家沟小学　李光红）

📖 综合拓展

认识了锅锅灶，相信大家一定跃跃欲试，想去亲自实践，小组同学共同商讨本次活动需要做哪些准备。

第**2**章　家乡的小吃

第 8 课 浆 水

现今，家乡人民的日子一天天好起来了，但是厨房里的浆水缸并没有被淘汰。因为，和名目繁多的饮料相比，浆水依然是男女老少心中的琼浆玉液。

生活困难的年代里，浆水的用处可大了，既是平时的菜肴，又是主要的佐料。听奶奶说，那时候大家买不起醋，煮好面条后，撒点盐，调上两勺浆水，捞上一小碟浆水菜，就很不错了。如今，一些老人依然从田野里捡回一筐筐苦苦菜，好沤制一缸浆水。天热起来的时候，当爷爷从奶奶手里接过一碗浆水，轻啜上一口，眼睛就会眯成一条缝，好像见到了久违的老朋友一样。年轻人虽然不挖苦苦菜了，但是对浆水还是情有独钟。从地里一回来，就直奔厨房，抄起干净的碗，盛满浆水，咕咚咕咚一番痛饮，既解渴又降暑，顿时神清气爽。

浆水汤　　　　　　　　　　　浆水面

盛夏时节里，家家都要沤制浆水，尤其是用芹菜、莲花菜等原材料炸的浆水，最受大家的欢迎。沤制浆水的方法虽然简单，但是操作的要求还是很讲究的。首先，要将芹菜、莲花菜择洗干净，切成筷子粗的细丝，放进开水锅里打个滚，菜一蔫下来，马上要捞出来。火候要掌握好，太烂的话，浆水味道不但不好，而且菜会发黏；太硬的话，影响发酵效果，老人也咬不动浆水里的菜。接着把沥干或者捏干水的菜丝，放进干净的小缸或者坛子里。最后拿一块发面酵，捏碎，加入略凉的开水，搅成糊状，倒进装有菜丝的小缸或坛子里，盖住口子，放在朝阳的地方或者锅台上。在30 ℃以上的高温中发酵四五天后，揭开盖子，就能闻到一股诱人的酸味。这时汤汁很少，只要加入温开水，隔上一天，就有浆水喝了。如果是天气最热的时候，早上加水，下午汤就酸了。这一加水的过程，家乡人叫作"投浆水"。在这些操作环节中，手一定要洗干净，不能沾半点油渍；就是从浆水缸里往外舀浆水或捞浆水菜的时候，所用的筷子和勺子也必须是干净的，不能沾有油渍，否则浆水就会生白花，容易变质。

芹菜、莲花菜沤制的浆水酸中带甜，清爽可口。苦苦菜沤制的浆水略带苦涩，但是降暑的功效更好。为了祛除苦味，人们多在凉开水中漂洗一遍，再次捏干水，放入缸里，发酵出的浆水苦味就会淡点。

在大家生活蒸蒸日上的今天，浆水不但没有退出历史，反而被人们演绎出许多可口的吃法，如浆水面、浆水漏鱼子、浆水拌黄瓜等，尤其是浆水面，很受大家的欢迎。在煮好薄擀细切的手工面条后，浇上用花椒、姜末、葱花炝制的浆水，撒上一撮香菜末和几根红辣椒丝儿，再配上一小碟咸韭菜和一碟虎皮辣子，真可谓色香味俱全。如果是招待贵客的话，就配上一盘卤猪蹄，那味道啊，吃过后准叫客人念念不忘。因为浆水在发酵过程中产生了大量的乳酸菌，有清肠助消化的作用，所以只吃清淡的浆水面很容易饿，适当搭配一点肉食，吃起来不但不腻，而且食欲大增，清凉爽口。

酸甜可口的浆水，是我们的先辈流传下来的非物质文化遗产之一，已经成为家乡的一道风味小吃，在外地的亲朋好友间传颂着。

（兰州市七里河区龚家湾第一小学　陈小春）

资料袋

浆水的传说

相传，在汉朝初年，陕西省有个叫韩二的人。新婚不久，为了生计，小两口开了个小面馆，专门为轿夫和小贩们提供服务。因为那时候醋还没有发

第 **2** 章　家乡的小吃

39

明，韩二卖的面条，只是在菜汤里调一些油盐，味道并不是很好，所以生意很惨淡。

有一天晚上打烊之后，夫妻俩把第二天做汤用的小白菜洗净炒好装在一个小竹篮里，顺手放在一个盛有面汤的大汤盆上，就去睡觉了。第二天早上天刚亮，就听见有人敲门。原来是韩二的小舅子来了，说是岳母得了急病，请女儿女婿去一趟。韩二两口子哪里还敢怠慢，急忙带上钱去乡下看病人了。等韩二的岳母好些后，已是四五天之后了。他们赶回城里的时候，正好是中午，想着时间还早，也就开门营业了。

没想到正好走进来两位客人，一位老年人，一位中年人，都是老百姓打扮，而且态度非常随和。韩二煮好面条后，却找不到白菜了。找来找去，发现在剩面汤里，就问妻子："这是怎么了？"妻子想了想说："一定是猫儿寻食时把竹篮踩翻了。"韩二端起汤盆闻了闻，已经有股酸味了。只好无奈地对客人说："实在对不起，臊子没有了，将就着吃顿白面吧！"

那位中年客人凑近汤盆一看，只见面汤中的小白菜青中带黄，汤汁像酒一样。他说："老板，没关系，我们正想吃点小菜！"老年客人怕吃出了问题，忙说："我看，还是小心点好，别吃坏了肚子！"中年客人笑了笑说："你老也过于小心了。又不是毒药，怕啥？都是吃的东西嘛。"

"那——"老年客人捋着花白胡子沉吟了片刻后说，"好，那就让我先尝第一碗吧！"韩二把面汤里的白菜浇在了第一碗面上，然后再满满地淋上一勺红红的油泼辣子。老年客人接过来调匀后先尝了一口："又酸又辣又香，真好吃！"老年客人连连点头称赞。

中年客人其实早就饿了，也迫不及待地吃了一碗，觉得不错。于是，两位客人吃了又续，续了又吃。老年客人连吃了两碗，中年客人连吃了四碗。中年客人吃完后抹了抹嘴上的油，对韩二说道："老板，这种臊子面真是好吃，应该换个名字呀！"这意外的发现也令韩二夫妻很高兴，就笑着说："我们两眼一抹黑，没有文化，还是请您给取个名吧。"中年客人转头对同伴说："你水平高，还是你来！"老年客人捋着花白胡子沉吟片刻后说："它稠似水浆，我看，就叫浆水面吧！""好！"中年客人和韩二夫妻异口同声地喊道。

谁也想不到，这两位客人，一个是汉高祖刘邦，一个是丞相萧何。他们君臣二人微服私访民情，没想到发现白菜放进面汤浸泡几天后，就会变成酸甜可口的浆水。其汤汁做的浆水面也因为是皇帝喜欢吃的，因此名声越来越大。韩二的生意也门庭若市，红火起来。

浆水的做法传到家乡后，经过先民们的不断改进，就成为今天家家户户的最爱了。

📖 综合拓展

1. 找找大街小巷与浆水有关的美食，并尝一尝浆水带给我们的特有味道（拍照记录美食）。

2. 了解沤制浆水所用的主料有哪些，有几种不同的吃法。

3. 制作浆水。根据文中介绍的制作过程，尝试自己制作浆水。

第 9 课　烫面饼子

　　物阜民丰的今天，如果家里来了客人，奶奶再也不会为没有食材招待客人而发愁了。只要炒几个拿手小菜，端上一碗臊子面或者拉条子，就会使客人吃得顺口而舒服。再拌上几个平常吃不到下酒菜，如凉拌蕨菜、凉拌苜蓿、凉拌百合尖儿、凉拌曲曲菜等，小酌上几杯，一定会给客人留下深刻的印象。

　　在困难年代里，家里来了客人的话，就没有今天这样游刃有余了。

　　没有上得了桌面的米或面，更别说酒菜了。可也不能让客人和自己一起吃杂面，即使自家没有白面，也要到邻家借上两碗，烙上一碟烫面饼子来款待。穷家富客，待客从不寒碜，一直是我们的传统。可以想象一下，在没有电磁炉，没有煤气，甚至没有煤炭的情况下，手脚麻利的奶奶以麦草烧火，从烟雾缭绕的灶房里端出金黄油亮的烫面饼子的时候，客人的心一定会和烫面饼子一样酥软。

　　上了年纪的亲戚朋友都记得，在好长一段时间里，能享受烫面饼子的款待，应该是他们在家乡受到的最高礼遇。因为在衣食无忧的今天，一些年长的亲戚来了后，还对烫面饼子念念不忘，点名要奶奶再烙一次。每当这时候，他们的眼里都含着泪花。

　　可惜的是，现在会烙烫面饼子的人越来越少了。

烫面　　　　　　　　　　　　　饧面　　　　　　　　　　　　　擀饼

其实，烫面饼子的做法很简单，主要有三个步骤：和面、擀饼、烙饼。根据客人的多少，准备适量的面粉和开水。一边往面盆里倒入开水，一边用筷子快速搅动，当絮块状的面团与少量干粉共存时，盖上面盆饧面一两分钟，温度降到能伸进手的时候，再下手揉成面团。这时要注意把握面团的软硬，不能太软，也不能太硬，以手指头轻轻一按，就能凹陷下去为好。这和面的环节，我想就是烫面饼子名称的来历吧。

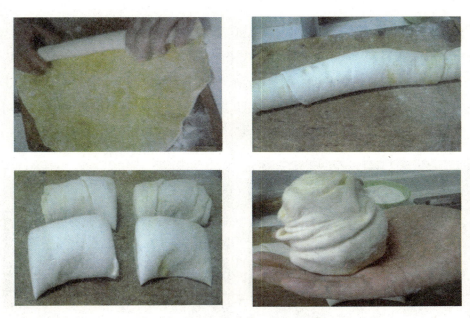

烫面饼子卷油、姜黄粉、苦豆粉的过程

接着，把揉好的面团擀成约5毫米厚的圆形大饼，先在上面撒上姜黄粉和苦豆子粉，再抹上菜籽油，使姜黄粉和苦豆粉均匀地附着在面饼上后，从边缘开始卷起，把姜黄粉、苦豆粉裹进里面成为条状，分切成均匀的两三个面剂，在面板上放好。这时候就可以烧锅了。

等待锅热的间隙，取一个条状的面剂，底面朝上放在面板上，由上到下用手掌按压成饼状，再次擀成约5毫米厚的圆饼，在上面抹上菜籽油。这时候擀的工序就算完成了，要进入烙的工序了。

用手掌在锅底上方感受一下，当有明显的热度的时候，在锅底上擦上菜籽油，托起案板上的面饼，平铺在锅底，就开始烙了。锅底发出滋滋的声音，当诱人的香气弥漫在整个房间里的时候，用锅铲翻动饼子，使饼子在锅底的位置不断变化，这样一来不粘锅，二来受火均匀。一两分钟，就要用锅铲迅速地把饼子翻过来，烙饼子的另一面。这时，你就已经看到嫩黄的饼面上一个个浅褐色的受火点了，香气也更浓了。如果饼面上的油沾得不匀，再补擦点油就可以了。还是过一两分钟后翻过来，第二次烙的时间总是要比第一次短的。等苦豆粉的味道挥发出来的时候，锅里的饼子也就熟了，该把第二个面剂擀成饼了。

烙饼的时候，火要大而均匀，这样烙出的饼子才是可口的。现在大都用的是煤气，火势的大小好控制。如果用麦草烧火，就要协调得当，使饼子两面受火均匀，所以说烙烫面饼子也最能反映一家主妇的眼力了。每当油亮金黄、松软可口的烫面饼子端上炕桌时，很少有人知道，奶奶是在烟熏火燎的灶房中，用眼泪和汗珠烙出了对客人的热忱。

烙 饼

成品烫面饼子

可喜的是现今烫面饼子已经在家乡的农家乐里出现了，我想应该是因为烫面饼子烫的是面，热的是客人的心。

（兰州市城关区教学研究室　陈丽宇）

📖 综合拓展

1. 在生活中找找用"烫面"这种做法做出的饼子还有什么叫法。

2. 初试身手：自己尝试着做一做这道美食，并记录下和爸爸妈妈制作美食的快乐。

第 10 课　甜醅子

　　柳树伸出柔嫩的手臂，向春天抛撒柳絮的时候，端午节就要到了。大街小巷此起彼伏地飘荡着"香甜粽子"的叫卖声，菜市场里卖粽叶和粽子的也多了起来。每当闻到粽子的清香，看到精致的香包时，我就会不由自主地想起小时候在家乡过端午的情景。

　　小时候过端午节，餐桌上的美食虽然没有如今丰盛，更不知道端午节是因为纪念爱国诗人屈原而来的，但是我们小孩子特别期盼着过节。因为这个季节里，只有在端午节才能吃顿好的。那年月虽然物质生活贫乏，但是每到过节，总会想出各种法子把节日过得暖洋洋的。家乡端午节是不流行包粽子的，而是蒸晶糕、酿甜醅子、煮几个鸡蛋，有时还会割点肉，怎么着也要吃得比平时好，也算是过节改善生活了。于我而言，最向往的不是晶糕，也不是鸡蛋，而是外婆自己酿的甜醅子，那钻进心里的甘甜爽口，让我至今念念不忘，梦萦魂牵。

甜醅子

　　外婆家的院子里有一个大石臼，在端午节前几天就被派上了用场。外婆拿出储藏的燕麦，在水里浸泡两三个小时，再将泡得胖了一圈的燕麦一瓢一瓢倒进石臼里，拿石杵一下一下地杵燕麦，让麦皮和麦粒脱离。褪了皮的燕麦粒白白净净的，像我们挖出的虫卵一样。褪下的麦皮薄而柔软，外婆管它叫作麦毛。每当外婆或外公杵燕麦的时候，我的手也就痒痒起来，嚷着也要杵，外婆怕杵不好会砸伤我，总是不让。记得那一次她架不住我的软磨硬泡、连娇带嗲，最后极其担心地把石杵递给我，同时叮嘱道："石杵很重的，用力要均匀，要对准了石臼，小心砸到手……"外婆的唠叨我左耳朵进右耳朵出，根本不去理会，双手握起石杵就杵。没想到，那石杵真的很重，我双手拿着石杵，使出了吃奶的劲，没几下就已经胳膊酸困，气喘吁吁了，每杵一下似慢动作回放，忽然一个趔趄，石杵从手上掉落，没落进石臼，而是砸在了我的脚上……

家里没有石臼的，也可以用另一种简单的办法去皮。直接把泡水后的燕麦装入麻袋，封好口，拎起来在一块大石板上使劲地摔打一阵，然后倒出来漂去麦皮。只不过这种做法的效果没有石臼杵的好，燕麦皮除得不是很彻底干净，做的甜醅子扎嗓子，也不好吃。

我最喜欢看外婆分离石臼里杵过的麦皮和麦粒了。石臼里麦皮和麦粒的混合物被倒进簸箕，外婆双手端着簸箕一上一下地簸起来的时候，燕麦皮随着簸箕的上下簸动，飘散在外婆的前方。而我总是追逐着那轻盈的麦皮，收拢一些在手里玩，结果弄得满头都是，又招来外婆的责怪。麦皮飘出去了，簸箕里只剩下麦粒，再用水冲洗两遍，就可以把燕麦放进锅里煮了。燕麦煮熟后盛出放凉，将提前买好的酒曲擀成面儿，按一定的比例加入燕麦中搅拌均匀，就装进准备好的大盆里，用锅盖将盆口盖起来，然后用棉被裹起来。天气稍凉的话，需要二至三天，要是天气热，一昼夜的时间，就有酒香弥漫开来，说明甜醅子发酵好了。

甜醅子的发酵过程，对我们小孩子来说有点煎熬。外婆总是叮嘱我们，千万不能把棉被掀开，更不能把锅盖揭开，要是脏东西跑进去就会发霉的；要是温度不够，发出来的甜醅子就会是酸的。所以我们每天都会趁外婆出工的时候，偷偷溜进厢房，趴在裹着棉被的盆周围使劲地闻，就是闻不到味道。忍不住将棉被掀开一条小缝，希望能发现一些香甜的迹象，可总是在失望中放下被角，遗憾地走出厢房。还好，两三天时间不长，很快就到了端午节。这天一早，外婆就到厢房掀开棉被，端出盆子，小心翼翼地将锅盖揭开，与此同时，一股醉人的香味扑鼻而来。我们围着外婆开心地跳了起来，一个个端着小碗等着分甜醅子，还边等边唱着顺口溜："甜醅甜，老人娃娃口水咽，一碗两碗能开胃，三碗四碗顶顿饭。"端着各自的甜醅子，我们兑入凉开水，加点糖，香甜爽口，非常解馋。

吃着酒香甜醅子，忍不住问外婆，为啥端午节要吃甜醅子呀？外婆说是源于古代用米酒敬神、祭祖的旧俗。没承想，酿制甜醅子竟然是几千年遗留下来的习俗。在端午节这天，家家户户都要将酿好的甜醅子赠送给左邻右舍、亲朋好友品尝，在交流各家酿制经验的同时，也增进了邻里间的情谊。

又是一季端午节，甜醅子的酒香牵引着我，再一次回到家乡那温暖的怀抱，美美地吃上一碗，足足地醉上一会儿，甜甜地重温儿时的欢乐。

（兰州市城关区教学研究室　陈丽宇）

📖 综合拓展

1. 尝一碗地道的甜醅子，说一说它独特的味道。

2. 饮料大比拼：

过去，甜醅子在孩子们心中就是一种解暑的饮料。想想我们现在有哪些饮料，和甜醅子进行对比并完成下表。

名称	成分	味道	绿色健康星级
甜醅子			☆☆☆☆☆
			☆☆☆☆☆
			☆☆☆☆☆

第 11 课　臊子面

　　记得小时候，逢年过节时才能吃到臊子面，象征着一家人团团圆圆；家里来了贵客，也能吃到臊子面，希望和客人常来常往。那时候，大家都不富裕，能吃上一顿臊子面，可真是大大的牙祭。日新月异的今天，很多东西已经被乡亲们淘汰，唯独这臊子面，不但没有被淘汰，而且登场的时机已不仅仅是逢年过节了，就像现在的城里人吃饺子，不光在大年三十了，而是想吃就吃。因为在家乡，臊子面就是老幼皆宜的一道正餐。

　　臊子面好不好，不看桌上的炒菜，小时候吃的臊子面，很多时候还不配菜呢。那看什么呢？主要看两样，一个是面，一个是臊子汤。面，讲究的是薄擀细切，柔顺劲道；汤，讲究的是色香味俱全，味道鲜美。

臊子面

　　要想吃到地道的臊子面，就要吃手工做的面。选用家乡的小麦磨出的优等粉，在温水里放上适量的食用碱来和面。记得妈妈和面的时候，一边加水，一边用筷子搅动，使面粉结成絮状的形态，再用手抟成饼状。水不可一次倒得太多，否则就是包水面，影响面的劲道。碱不可放得太多，否则面会先发黄后变黑；也不可放得太少，否则煮的时候容易变软发黏。抟成面团揉的时候，要不惜力气。一坨面，在妈妈手里，一会儿揉搓成长条状，一会儿又被按压成饼状，反复十几个回合后，扣在面盆里饧着。十几分钟后，再开始揉，一直到面坨表面有光滑细腻的感觉出现。这时候，妈妈拿起擀面杖，先将面团擀成圆饼，接着再撒上玉米面，然后，用擀面杖从一边卷起，很有节奏地向前推动，展开后，再次撒上玉米面，在紧挨着第一次卷起的地方，用擀面杖卷起。依次往复，面饼不断变大也越来越薄，渐渐铺满整个面板。好奇而捣蛋的我，总要揭起薄如纸的面饼看看，不小心就给揪掉一块，时常招来妈妈的呵斥。

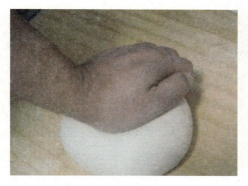
揉 面

擀 面

面擀好后，要晾一会儿才切的。不像现在的压面机器，连压带切一次完成。快是快，可是吃起来在口感上不抵手工面。

妈妈切面的时候，那可真是有耐心。先在面皮上撒玉米面，对折成半圆，再撒上玉米面，对折成扇形，最后对折成直角梯形的样子，拿起刀从最短的一边开切。左手扶面，右手握刀，刀面贴着左手的拇指外侧向前推去。不一会儿，一排排整整齐齐、细如粉丝的面条就呈现在我的面前。我最喜欢看这时候妈妈拢起一把面条，用力抖几下，摆放在面案一角的过程。那一根根粗细均匀、筋道有力的面条，在云雾似的玉米粉中飘逸舞动的时候，天女散花般煞是好看。

切好的面条

接着，妈妈拿出精肉切的臊子，胡萝卜、洋芋和豆腐切成的筷子头大小的丁，切成小块的木耳、香菇、西红柿，漂洗干净的黄花菜，还有切成小段的菠菜。当然，装在一起的香菜、葱、蒜苗末儿是少不了的。先将肉臊子在锅里炒熟，再将黄花、木耳、香菇、西红柿和各种丁一并放入锅里，加上调料翻

第②章 家乡的小吃

炒，到一定火候，再加上水。等到土豆等菜丁松软得和豆腐一样时，加入水粉，一边搅动，一边用勺子舀起来，再倒入锅里，把握好稠稀。最后将切碎的菠菜加进去。起锅的时候，撒进香菜、葱和蒜苗末儿，一锅色香味俱全的臊子汤就做好了。看着妈妈忙这忙那，我也不闲着，总会围着锅台，一会儿抓块肉偷偷放进嘴里，一会儿拿块胡萝卜塞进嘴里偷腥解馋，即使手上总免不了妈妈的敲打也不离开。在香味弥散开来后，还会偷偷地把筷子伸进锅里，夹出一块肉来，来不及吹凉，就一口塞进嘴里，虽然烫得我呵呵吹气，却那么满足。看到我的馋相，妈妈往往会先给我盛上一小碗。

这"擀成纸，切成线，煮在锅里莲花转，捞上筷子打秋千，盛到碗里赛牡丹"的半碗面，舀上一勺臊子汤，调点醋和油泼辣子后，就是色香味俱全、老幼皆宜的臊子面。今天臊子面又被赋予新的内涵，无论老人寿辰，还是小孩生日，吃上一碗，福寿延年。臊子面如今已经成为家乡人的自豪。

远方的朋友，如果想吃到地道的臊子面，请到我的家乡来。

（兰州市城关区教学研究室　陈丽宇）

📖 综合拓展

1. 舌尖上的美味：尝尝臊子面的味道。

2. 和爸爸妈妈一起尝试做一碗美味的臊子面。

第 12 课　腌酸菜

　　深秋季节，家乡沟沟岔岔里的水地里，泛出矩阵图似的白点点。这是大白菜发出的成熟信号。有人正弯腰拿菜刀砍白菜根，手起刀落，一棵大白菜应声栽倒；有人正用扁担挑着两筐白菜走向地头；有人一边从篮筐中取出白菜，一边整整齐齐地摆放进农用车的车厢……

　　收获的大白菜，挑选出叶片白嫩、菜帮肥厚、包得瓷实的，大部分卖给了菜贩子，补贴家用，剩余的都被运回家，作为我们过冬的蔬菜。小时候，村里还没有人建温室大棚，所以白菜是我们过冬的主菜之一。不像现在，即使在腊月里，也能买到各式各样的新鲜蔬菜。有了白菜，没有冷库，存放保鲜就是一个大问题。但是热爱生活的先辈们，很轻松地解决了这个难题——腌酸菜！

　　说起腌酸菜，那我也算个行家了，因为母亲就是个腌制酸菜的高手。从小就有一颗好奇心的我，每年母亲腌酸菜时，总是睁大了双眼仔细观看，时不时问这问那，摸摸这个，动动那个。母亲也很开心，一边忙活，一边耐心地给我解释，耳濡目染，那我自然成了腌酸菜的行家里手了。

　　腌酸菜先要做好准备。根据家中人口，选好一口缸，用刷子把缸里里外外清洗干净，放置在厨房内不碍事的地方，否则将来装好蔬菜、注入凉开水之后就不便搬动了。此外，还要准备几块碗口大小的鹅卵石，清洗干净。因为家乡河沟里的石头是青砂岩，容易掉末，不能使用，所以家乡腌菜用的石头都是从黄河边背回来的。

　　接着，根据酸菜缸的大小，选择适量的大白菜，仔细地择洗。为了腌制的酸菜色香味美，一定要把外层发黄或有霉点的叶子去掉，切除菜根的时候，还不能太彻底，否则整棵大白菜就散架了。如果白菜个大，可以切成两瓣或四瓣。清洗好后，装进箩筐里沥干水分。如果条件允许，还可以准备一些白萝卜或胡萝卜，甚至茄子和没有熟透的泛青的西红柿来做辅菜。

腌菜的缸

压菜的石头

腌制酸菜的调料很简单，食盐、花椒、鲜姜，喜欢辣的，加一些红辣椒就行。

准备停当后，腌制过程就可以开始了。首先，从箩筐中取过白菜，一棵头朝里，一棵头朝外，这样颠倒着一棵棵放进缸里面。每放完一层，就用双手使劲压一压，把放入的蔬菜压瓷实了。再放上一点辅菜，均匀地撒上一把盐、花椒粒和切成片的鲜姜。这样一层一层地码放，直到离缸口一拃的距离时，就不填菜了。接着拿清洗好的鹅卵石压在缸里的白菜上，也不能太轻了，否则压不住缸里的蔬菜，石头会被菜帮弹出缸外。最后，倒入事先准备好的凉白开，淹没白菜。如果白菜没有漂浮现象，说明石头的压力是合适的，只要盖上缸口保持卫生，不要被污染，就完成了腌制程序。

大约一个月后，小心翼翼地揭开缸盖，一股酸甜的香气扑鼻而来的时候，悬着的心就可以放下了。再看缸里的白菜，颜色已微微变黄，汤水也稍稍变得黏稠起来，裸露的石头上也附上了白色的发酵物。每当此时，不由你不动手了。但是母亲一再强调，不能用沾过油的筷子从缸里捞白菜，否则很容易变质。

腌酸菜的过程看似简单，如果缺乏经验，即便你熟悉腌制过程，启封后要么烂了，不能食用；要么太酸或太咸，口味不佳。记得儿时的我，一进入腊月就莫名地兴奋起来，因为家里马上就要杀年猪了，可以大口大口地吃肉了。有了肉，也不能只吃肉啊，家家户户最拿手的菜肴便是猪肉炖粉条了。如果掺上一些自家腌制的酸菜，既可以解解猪肉的肥腻，又可以提升肉的香味。猪肉、酸菜和粉条，这三样再平凡不过的食材，经过大火烹饪，盛在大盘子里的时候，如果你就在跟前，问你"什么是人间美味"，我敢肯定，你会不假思索地回答："这就是！"

酸菜以前是我们过冬的主菜，现在是我们的特色菜，一直没有离开过我们的餐桌。醉酒的人，吃上几口冰冰的酸菜，胃里面舒服之余，人也会清醒不少；如果吃手抓羊肉，酸菜缸里的萝卜那可是标配。

家乡酸菜的浓浓香味，早已在我们每个人的味蕾上生了根。想着想着，不禁轻声吟唱起刘半农的一首诗："天上飘着些微云，地上吹着些微风。……西天还有些儿残霞，教我如何不想她？"

（兰州市城关区西北新村小学　邹洪涛）

📖 综合拓展

除了酸菜，用"腌制"这种方法还可以腌制什么？

第3章 家乡的年俗

"小孩儿小孩儿你别馋，过了腊八就是年。"可不，从熬浓浓的腊八粥开始，就拉开了新年的序幕。送灶王，杀年猪，过除夕，点天灯，扎火把，无不透露着先辈们诚于感恩、孝悌友爱、祈福来年的精神传承。

孩子们，让我们在喜庆的新年氛围中，话年俗，品年味，感受新年的祥和与欢乐吧！

第 13 课　腊　八

"小孩儿小孩儿你别馋，过了腊八就是年；腊八粥，喝几天，哩哩啦啦二十三……"这首从小就会背诵的民谣，现在听起来依然那么亲切。

农历十二月又称腊月，是一年当中最冷的一个月。农活都告一段落，人们有闲暇去打猎了，所以这个"腊"字，也是猎取的意思。腊月，又是一年当中新故交替的一个月，年终岁末，重祭祀的古人要把一年当中的收获，在祭祀中向祖先禀报，所以把这个月也叫作"祭祀之月"，后来把这种祭奠仪式称为"腊"。

腊月初八，是这个月里最重大的节日，叫腊八节。喝腊八粥，泡腊八蒜，吃腊八面，是北方人民在这一天里最重要的习俗。据史料记载，喝腊八粥最早始于宋代，已有千年的历史。

腊八节流传到今天，有关祭祀的活动已经淡去。只记得小时候，每到腊月初七，母亲就开始为第二天的腊八节做准备。午饭过后，母亲就找出各种红红绿绿的豆子，洗干净浸泡在水里。妹妹总是凑上去问东问西，一来二去就知道了——母亲在准备熬腊八粥的食材。母亲一边找食材，一边给我们姐妹讲腊八节的来历和习俗。不知不觉，已经准备好了十几样食材：红豆、芸豆、绿豆、薏米、黑米、小米、糯米、糙米、玉米糁子、红枣、莲子、百合、桂圆、葡萄干、花生……反正是家里有的，能煮成粥的食材一样都不会落下。"不是说腊八腊八，有八样就可以了吗，怎么准备这么多？"姐妹俩好奇地问。"当然越多越好，说明日子过得好嘛。"母亲乐呵呵地答道。

晚饭过后，就开始煮腊八粥了。先将浸泡了一下午的各种豆子放入架在炉子上的大锅里煮。大约一小时后，再放入红枣、葡萄干、桂圆及各种谷物。不多时，屋子里就会慢慢地散发出各种豆香味和米香味。我们小孩子在等待中不知不觉进入了梦乡，只有母亲还守在炉火旁，等着，熬着。直到粥快要熟了的时候，放入百合、枸杞。

第二天早晨醒来，香喷喷、热乎乎、甜滋滋的营养腊八粥已经上桌了。每年的这一天，母亲总会煮上一大锅腊八粥，四口人每人喝两碗，还要剩好多。父亲总是抱怨母亲做得太多，浪费，母亲说："我特意做得多。腊八这一天，剩下的腊八粥吃的时间越长越好，这是'年年有余'的好兆头。"住小平房时，母亲还会将粥分给邻居一些。

腊八节的晚上，我们会在晚饭过后泡腊八蒜。据说，腊八这一天用醋泡出来的蒜，到除夕吃是绿色的。至于为什么会是绿色，我和妹妹从未想过。只记得，除夕吃饺子时，那些蒜果真绿如翡翠。因此，腊八节的晚上，剥蒜、泡蒜，是我们姐妹俩最爱干的事。

伴随着每年腊八粥的浓香和翡翠蒜的酸甜，原来的孩子也已经长大了，出嫁了。家里人少了，母亲也不再有过腊八节、煮腊八粥的心劲了。于是再过腊八节，都是我回忆小时候过节的情景，学着母亲的样子，煮上一大锅腊八粥。依旧是十几样食材，不过是用电压力锅煮了。腊八这一天早上起来，将各种豆子、谷物、干果一并放入锅中，设定好程序，两个小时后，一锅香浓的腊八粥便煮好了。赶在午饭前，给自己的父母和爱人的父母分别送去一大饭盒，当午饭吃。有时，他们还舍不得一次吃完，总要留下点，到晚上再吃。

关于泡腊八蒜，前几次一直没有成功。儿子总是不屑地说我技术不成，或者说我是骗人的。这让我开始怀疑"腊八泡蒜，蒜能变绿的"说法是否正确。我上网搜索一下，才发现原来"腊八蒜"腌制需要两个条件：一个是要用低温储藏过的大蒜；另一个是要有米醋。知道了这一点，我现在即便不在腊八这一天泡蒜，也是会变绿的。

腊八节是一个节日，同时也是一种亲情的传承。不但我现在也像母亲当年一样——记着这个节日，还要让我的孩子也知道这个节日。每到这一天，我必会叫儿子来帮忙，数数准备了几样食材，洗洗豆，淘淘米。晚上，让孩子和我一起剥蒜、泡蒜，在有一句没一句的闲聊中，让孩子知道腊八节的来历和习俗，就像回到了我小时候一样。

（兰州市城关区民主西路小学　张莉）

📖 综合拓展

1.煮腊八粥需要哪些食材？

2.关于腊八节有许多传说，不同的地域有不同的习俗，通过各种途径了解一下吧。

	历史传说	饮食习俗
腊八节		

3.通过网络查找，自己也尝试腌制腊八蒜。

第 14 课　迎送灶王爷

　　"腊月二十三，打发灶爷去上天……"这是我们小时候经常唱的童谣。每当这一天的傍晚，在我们家乡，家家户户都要举行一项重要的送灶仪式，来答谢灶王爷一年来的庇佑。

　　一大早，奶奶就开始蒸花盘，就是"乐开了花"的馒头。这是家境好的家庭才做的：在摊成圆形的面饼上，撒上姜黄粉，擦上清油，从四周收起，再倒过来抟成馒头形，最后用刀在馒头顶端切一个小十字，蒸出来的就是有金黄花瓣的花盘了。有的家庭不这样做，而是在馒头顶端夹起一块，穿上一颗枣再蒸，人们形象地叫作枣鼻儿盘。不管是花盘还是枣鼻儿盘，必须是十二个，因为是献给灶王爷的，要比献给亡故祖先的多两个。奶奶还说，以前生活困难的时候，蒸不起盘的人家，也不能省去不做。无论如何也要借上一碗白面，做一块饼，表面一定要擦上清油，还要拿瓶盖按上十二个烙印，烙出灶饼子。

　　祭灶用的盘蒸好后，奶奶都要锁起来，就怕晚上献祭时少一个，或者枣鼻儿盘上的大枣不见了。如果这样，馋嘴的我们肯定是要挨一顿打的。因为在爷爷奶奶看来，祭灶是神圣的，容不得半点马虎和不敬。

　　晚饭做好后，送灶仪式就开始了。先是安灶，相当于请灶神入座。在炉灶后墙上的右边张贴灶王像，有读书人的家里，还签立灶王爷的神灵牌位——九天东厨司命灶王府君；爷爷说富贵之家有专门的灶龛，只要换上新对联就可以了。上联是"上天言好事"，下联是"回宫降吉祥"，横批是"四季平安"。接着是献祭，就是给灶神上菜了。灶台右边摆上香炉，恭恭敬敬地点上三炷香，锅台两边的盘子里献上花盘，中间献上一杯茶和一盅酒。这些都是必需的。当然，条件允许的情况下，还可以献上些水果。摆花盘的时候，我最喜欢看，一个盘子摆六个，底下四个紧挨着摆成正方形，中间空当里，两个盘一正一反摞起来，在炉灶两边摆成两座对称的"馒头山"。每当这时候，爷爷就开始谢灶。点燃三张黄表纸，在灶台前跪下来，三叩九拜，嘴里还默默地祈祷着，大意是要灶神上天后，向天帝多说家里人的善德。然后拿一只空碗，从缸里舀上半碗清水，把所有的祭品都弄一点放进碗里。尤其是花盘，每一个都要掰一点。

这时候的我们一手举着挂了鞭炮的长杆，一手拿着点燃的半截香，就等着爷爷端着盛满祭品的水碗，从厨房里出来。炮响了，爷爷就抡臂一挥，碗里的祭品被泼向厨房的房顶。在鞭炮声里，灶王爷就上天去了。可是天真的我们，还在天空里寻找，希望看见灶王爷腾云驾雾的样子，却总是被奶奶唤回现实当中，因为晚饭开始了。

家乡的有些人家，是在腊月二十四晚上送灶的。奶奶说，二十三晚上送灶的，都是蒸得起花盘的人家；二十四晚上送灶的，都是烙灶饼的人家。现在人们的生活都好了，无论二十三还是二十四，都是蒸花盘送灶的，只是每家的习惯不同罢了。

从这一天开始，对于家乡的人们来说，春节就拉开了序幕。灶神送走之后，就可以打扫房间了，将积攒了一年的灰尘清扫干净，等着在除夕之夜迎接从天宫回来的灶王爷。

迎接灶神的时候，做法和送灶一样，只是不用清水碗了。时间也不是傍晚，而是深夜。从前，一家老小围坐在炕上，听老人们讲灶神的故事。原来，天帝根据每一家灶神汇报的善德大小，赐给相应的吉祥。难怪祭灶时那么严肃了！当孩子们这样感叹时，迎接灶神的鞭炮就响起来了。现在，春节晚会快要结束时，迎接灶神的花炮已经在夜空里绽放……

也就是说，在大年初一的凌晨，灶神又回到了人间，把天帝的祝福和吉祥带到家家户户。

（兰州市七里河区宋家沟小学　李光红）

第**3**章　家乡的年俗

59

灶王爷的传说

孩子们，为什么家家户户都要祭拜灶王爷呢？原来呀，灶王爷是天帝派到人间的使者。天帝为了奖罚人间的善恶，根据灶神的汇报，每年的三十晚上，赐吉祥给行善之家，降灾祸给为恶之家。关于灶王爷，还有一个传说呢。

在很久很久以前，一户姓张的人家，有兄弟两个。哥哥叫张德，是泥瓦匠，最拿手的活儿是砌锅台，人们送他一个雅号"张灶王"；弟弟叫张才，是画师，最拿手的是给人画像，人们尊称他为"张画师"。这个张灶王有一个嗜好，就是爱管闲事。无论他给谁家垒灶，如果遇上婆媳不和的，总是劝说得双方笑逐颜开，长幼有致。久而久之，左邻右舍的只要有矛盾，就会找张灶王给调解。

因为张灶王善于调解矛盾，所以家里的大小事情都由他来做主，一家人倒也和和睦睦。弟弟张画师也就懒得管理家务，只是专心画他的画。可是好景不长，七十岁的张灶王在腊月二十三这一天去世了，这下张家可乱套了。张画师也无计可施，因为他的几房儿媳妇首先嚷嚷着要分家。张画师一筹莫展，整日愁眉苦脸。

经过一年的思考，张画师终于想出了一个好法子。就在张灶王去世一周年的祭日，腊月二十三的深夜里，张画师突然把全家人叫醒，说是"大哥显灵了"。然后带着他们来到厨房，只见灶台后黑漆漆的墙上，张灶王和他已故妻子的美丽容貌，在闪动着的烛光中若隐若现，儿孙们惊呆了。

张画师这时候才说："我梦见大哥和大嫂成仙了，玉皇大帝封大哥为'九天东厨司命灶王府君'，封大嫂为'灶王奶奶'。大哥得知你们平时好吃懒做，妯娌不和，不尊老爱幼，闹得居家不宁。现在又闹着分家，很是气恼，准备禀告玉皇大帝，今年的三十晚上，他要下界来惩罚你们。"

儿孙们连忙跪倒在地，向灶王爷磕头施礼，祈求灶王爷的饶恕，再也不敢分家了。又急忙取来平时张灶王爱吃的甜食供在灶上，烧香磕头，恳求灶王爷不要和小民一般见识。

自从张家祭灶王之后，一家人又像从前一样和睦相处。这件事很快被人们传扬开来。年长日久，就形成了腊月二十三送灶王升天，除夕夜迎灶王回家的习俗，一直流传到今天。

综合拓展

1. 迎送灶王爷寄托了人们哪些美好的愿望？
2. 腊月二十三又称"小年"，了解各地是如何过小年的。

第 15 课　杀年猪

　　喝完了腊八粥，我们最期待的就是杀年猪了。小时候，平常也吃不到几次肉，只有在腊月里杀年猪的那一天，就像提前过年一样，才能吃个满嘴流油。除此之外，有猪尿脬当球踢，也是男孩子梦寐以求的乐趣。

　　那时候，村里家家户户都有猪圈。每年开春后大家都要养几头猪，等到年底肥壮之后，除了卖掉几头贴补家用外，总要留下一头，在过年时改善全家人的生活。为了让猪长得快一些，大人们从田间地头回家的时候，总是背着一捆猪草。我和小伙伴们也不例外，每天放学回家的路上，总要拔一小捆猪爱吃的灰灰菜、车前草、牵牛花等带回家。当我们各自蹑手蹑脚慢慢靠近猪圈，偷偷地瞧着憨憨傻傻的小家伙玩耍，也是一件很有趣的事。它们慢悠悠地在猪圈里面逛着，一会儿去东边用那长鼻子闻闻，一会儿又转到西边在石头上蹭痒痒，一会儿用长嘴巴去拱它睡觉的同伴儿，好像要商量点什么，总是把我逗得哈哈大笑。它们一发现我来了，便你追我赶地挤到圈门口，争先恐后地探着脑袋，看我给它们带来什么好吃的。我拎着一把灰灰菜左摇右晃，就是不给它们吃。这下可坏了，它们一个个猴急了，长嘴里流着哈喇子，嗷嗷叫着快要把圈门拱开了。看着它们急不可耐的馋相，我赶紧把带来的美味全部给它们，心里别提有多开心了。

　　腊八一天天临近。虽然每天眼巴巴地盼着早点过年，大嘴大嘴地吃肉，但是一想到平日里给自己带来欢乐的那些猪就要被屠宰，心里又纠结起来。伙伴尕蛋的爸爸就是村里手艺最好的杀猪匠，我家留的那头年猪也毫不例外要遭他的"毒手"。

　　杀我家年猪的那天早上，父亲严厉地要我老老实实待在屋子里，临走时还特别嘱咐我别出门去看，也许是父亲不想让小小年纪的我看到血腥的场面吧。父亲出门后不久，我就听见猪圈那边传来阵阵挣扎的叫声，那叫声简直就是对杀猪匠的哀求。后来，那叫声越来越远，直至消失，我知道是家里的那头猪被捆绑好后用架子车拉到屠宰场去了，那惨痛的叫声久久回响在自己耳边。

我正在屋里闷闷不乐时，尕蛋跑来找我，兴奋地说："你家的猪马上就要被我爸杀了，你想不想去看看？"起初我不管他怎么煽动都不心动，心想反正那头猪已经被带到屠宰场，马上就要被尕蛋他爸杀了，有什么看的必要呢？再说，我必须听父亲的话，绝不出门去看，免得挨揍。尕蛋见我没动静，又给我讲了大人们怎样按倒我家的猪，用绳子扎住嘴绑住腿的过程。还说我家的猪号叫得很惨烈，像是在呼喊谁一样。听到这里，我实在忍不住了，也忘了父亲临走时的交代，和尕蛋悄悄向屠宰场那边跑去。

屠宰场就设在打麦场上，东南角上一口大锅底下烧着火，旁边是一块支起来的旧门板，左邻右舍的几个叔叔正在围着什么东西死死地摁着，不用想，他们摁住的肯定就是我家那头年猪，因为从那边传来了猪挣扎的哀号。为了不让大人们看到，我俩蹑手蹑脚走近打麦场东南角那个高大的麦草垛，就藏在草垛后面偷偷地看。

映入眼帘的那一幕让我终生难忘。他们几个大人死死地把猪摁在支好的旧门板上，猪还在使劲挣扎和哀号，做着垂死的挣扎。猪脖子下方放着一个大盆子，尕蛋他爸拿出足有一尺来长的杀猪刀。只见他瞅准位置，对着猪的脖子，向猪的心脏方向就是一刀，片刻之间，那头哀号的猪不叫了，也不动弹了。这场景吓得我不敢再看。而父亲和几位叔叔没有一点紧张的样子，听起来好像还很兴奋，不停地夸赞着我家的猪肥什么的……当我再次探出脑袋看时，那头猪已经被人推进烧开了水的大铁锅里，锅里的水已经染成了鲜红色，门板下的大盆子里盛满了猪血。后来我才知道，放血是很有讲究的，时间要把握好，放晚了或放不彻底的话，猪血就会滞留，肉就不好吃了。

不一会儿，那头猪又被我爸他们几个放回旧门板上，拿起巴掌大的砂石，一边使劲往猪身上蹭，一边往猪身上淋热水，黑黑的猪毛一撮一撮地掉到地上，几个人还不时地夸赞尕蛋他爸水温拿捏得好，毛褪得利索。很快，那头猪被脱去黑大氅，赤条条地躺在那里，第一次变得白白净净。

接着尕蛋他爸用刀剜下猪尾巴，把一个大铁钩从剜掉的地方穿了进去，拴上绳子，把猪倒挂在支好的一个木梯架上。猪被开膛了。就在这时，尕蛋跑出去了，吓得我赶紧藏起来。

一阵急促的脚步声传了过来，等我缓过神来，发现尕蛋手里提着猪尿脬，笑嘻嘻地向我招手。这可是个好玩的。我俩赶紧跑回家，一个忙着找充气筒，一个找线和圆珠笔的空油杆。尿液倒干净后，在输尿管口处，插入圆珠笔的空油杆，用线扎住，免得漏气。然后一个人对接充气筒的嘴儿，一个人使劲地打气。等猪尿脬充满气变得亮晶晶的时候，再次用线扎紧空油杆的下方，拔掉油杆，一个别样的足球产生了。因为那个时候我们的玩具少，这个好玩的家伙一下子成了伙伴们眼中的抢手货。

在我俩的欢叫声中，聚集的伙伴越来越多。大伙儿都想踢上几脚，体验一下踢足球的感觉。随着脚踢在"足球"上发出的嘭嘭声和大家的惊叫声，我们不知不觉地又来到打麦场上。好在父亲并没有责怪我的意思，也和其他叔叔一起看着我们大笑。因为这个"足球"已经把我们污染得面目全非了，腿上有泥，脸上有土，还有一身的尿骚味。现在想来，这也是农村孩子最快乐的时光之一吧！

我俩回家的时候，父亲和尕蛋他爸上了堂屋的火炕，母亲端着大盘猪肉炖粉条进来了，猪肉的香味飘满了整个院落。父亲和尕蛋他爸边吃肉边喝酒，说着没完没了的话。我和尕蛋尾随母亲来到厨房，从母亲手里每人接过满满一碗猪肉炖粉条，狼吞虎咽地吃起来。杀年猪的这一天，对我们来说就是提前过年，是腊月里最开心的事情。

吃过饭后，我俩还有任务。尕蛋陪着我，给左邻右舍和本家老人们，每家送一碗香喷喷的猪肉炖粉条过去。这是村里多年的规矩，谁家杀猪也不例外。等我们回来的时候，父亲已经切好了一块肥肉，连同连着猪尾巴的那一块，包好送给尕蛋他爸，作为杀猪的酬劳。这也是村里的规矩，很少有例外。

如今，村里很少有人养猪了，杀年猪也成了一个时代的记忆，那特有的滋味只在梦乡里频频再现。

（兰州市七里河区陶家沟小学　段尚林）

64

1. 杀年猪从何而来？寄托了什么寓意？

2. 杀了年猪，你知道以年猪为主料能做哪些年菜？

3. 春节除了杀年猪，你还知道哪些习俗？

第 16 课　除　夕

腊月二十三的小年一过，我们小孩子也开始关注日子的快慢了。天天盯着日历数，盼望着除夕的到来。

记得四十年前的除夕这一天，除了晌午之后的上坟祭祖，其余的，不是我们大显身手的活儿，就是可以赚得盆满钵盈的差事。

从坟上一回来，我们就开始忙了。父亲开始张罗贴对联。取出求村小的老师写好的红色春联，搬来梯子或凳子，在主房门前摆稳放好。不用父亲招呼，我就爬了上去。急不可耐的妹妹也端着糨糊碗，用一根筷子挑起糨糊，等着父亲接过去，抹在横批上。每当这时，父亲总是笑眯眯地先用食指在妹妹的鼻子上刮一下，才接过满是糨糊的筷子，在横批背面或抹个十字，或抹个扁扁的"×"后递给我，再退后几步，指挥我把握高低左右，贴在门楣的正中间……我贴好上下联后，父亲总是要我念一下内容的。好在这天即使我念错字，父亲也不会责罚我，还会难得地鼓励上几句。

先主房，后厨房，再是驴圈和羊圈，最后贴院门。记得父亲最喜欢的院门对联是"天增岁月人增寿，春满乾坤福满门"，横批是"春满人间"。两扇院门中间还要各贴上一个面盆大小的"福"字。记得刚上二年级的妹妹大叫"'福'倒了"，父亲马上回应说："没错，'福'到了！"

有些人家的院门中间贴的不是"福"字，而是威风凛凛的门神画像。父亲不喜欢，说那是"四旧"的东西。

对联刚贴完，奶奶就叫妹妹拿糨糊来。在我们贴对联的当儿，奶奶早已撕掉了主房窗棂上的白纸和褪了红色的窗花。我和妹妹用棉花卷沾上糨糊，帮奶奶涂在窗棂上，看着奶奶把驮着福字的金鱼、举着吉祥如意的小孩，一个个认真地贴在中间的窗棂上，四角再贴上当年的属相动物。记得那年，当奶奶刚贴好憨态可掬的小猪，准备糊上整张白纸的时候，妹妹非要把自己剪的小得多的三只小猪也要贴上。结果看起来像是母猪领着猪崽子在觅食，逗得爷爷奶奶一直笑个不停。

说也奇怪，这对联、窗花一贴，就那么几点红色，整个院子就被装点得喜气洋洋。再加上厨房里难得飘出的令人垂涎欲滴的肉香味，一下子家里的气氛好像要办喜事一样。

太阳快要落山的时候，我们也忙完了。母亲的年夜饭——臊子面也端上了炕桌。对于大山深处的农民来说，这顿饭很难得。虽然没有如今丰盛的佐菜和美酒，但是对于长期处于半温饱线的我们，碗里有臊子已经是美餐了；和平日相比，父母总是起早贪黑的，一家人很少一起准时吃晚饭。所以除夕晚饭动筷子前，爷爷总要说一句："'三十晚上一算账，人在本钱在。'只要我们一家人好好的，日子总会好起来的！"那时不懂爷爷的话，总嫌他唠叨，现在想来，爷爷的话里包含了多少无奈和心酸。

晚饭我和妹妹吃得快，因为饭后我们才可以换新衣。饭前母亲是无论如何也不许换的，怕我们给弄脏了。

平时穿的都是打满补丁的衣服，一年当中，只有除夕晚上，才给换一套新衣服。记得我的是一套蓝色涤卡布制服，一双黑条纹的千层底布鞋，一顶黄色军帽。妹妹的是一件粉底碎花对襟外套，一双深红色条纹的千层底布鞋。她没有帽子，而是一个带有两只蝴蝶的深蓝色发卡。就是没有新袜子，我俩只能穿旧的。但心里还是美滋滋的，在镶有镜子的衣柜前转来转去，看着和平常不一样的自己。

当我们还沉浸在穿新衣服的幸福当中，父亲已经准备好了拜本家公的礼物——每家一小袋清油炸的油饼。我们跟着父亲到二爷、三爷家里去。路上听父亲说要我们给叔祖父、叔祖母磕头，妹妹不愿意去了。她怕跪下磕头时弄脏新衣服，直到我告诉她不但有糖吃，还有压岁钱，她才扭扭捏捏跟着去了。

回来的时候，我和妹妹的口袋里装满了水果糖，还有好几张一角的毛票。那时的妹妹还不懂得钱的好处，都被我用糖换来买鞭炮了。我们进家门后，村里各家各户的鞭炮声已经此起彼伏，空气中弥漫着过年才有的火药味。

密密麻麻的鞭炮声渐渐稀落了，各家各户院子里的灯亮起来了。远处山坳里的村落比平时更加清晰……

来我家拜爷爷奶奶的叔伯们，在主房地上围着桌子坐成了一圈，一边喝酒，一边合计着明年的打算。堂兄妹们早早地爬上爷爷奶奶暖乎乎的热炕，围成一圈，一面吃着糖果，一面缠着奶奶讲除夕的故事，一直到午夜后，才各自散去，回家迎接灶王爷。家乡管这种度过除夕夜的方式叫熬岁数，仿佛小孩子今晚不熬夜就长不大，大人们不熬夜就过不了这一年似的。这是我们庄稼人在农闲季节睡得最晚的一夜。

那时候没有电视，也就谈不上春节联欢晚会了，但是除夕过得有滋有味；如今家家有电视，更有春节联欢晚会这个年夜特有的文艺大餐，却似乎缺少了一点说不出的味道。回头想来，也许就是父辈们在大年夜也不忘追求美好未来的劲头吧。

（兰州市七里河区宋家沟小学　李光红）

资料袋

除夕的传说

"除夕"中的"除"字，本意是"去"，引申为"易"，即"交替"的意思；"夕"字的本义是"日暮"，引申为"夜晚"。除夕的意思就是"月穷岁尽"，指农历腊月最后一天的晚上。

在奶奶的故事中，除夕却是一个美丽的传说。

古时候，有一只长着四只角的四足怪兽，名字叫"夕"。在大雪封山后，因为找不到食物，就会下山到村庄里害人。因为"夕"的身材比四头牛还要大，非常凶猛，没有人能治得了它，人和家畜都可能成为它的美餐。所以每年的腊月底，人们都要扶老携幼到就近的竹林里避难。

有一年，村里的一位老奶奶，在躲避"夕"的路上看到一个饿晕在路旁的孩子。老奶奶不忍心这个孩子被夕吃掉，就带他一起逃到了竹林里。

当这个孩子醒来的时候，人们已经伐了一些竹子烧火取暖。他就好奇地问老奶奶为什么不待在暖乎乎的家里。老奶奶叹了口气，没有回答他。他看向众人，大家都沉默不语，一个和他年纪相仿的孩子忍不住告诉了他原因。

没想到，这个孩子想了想后站起来大声说："我有办法除掉'夕'！"

"大家多砍一些竹节带回家，各家的门外挂上一块红布！"他以毋庸置疑的口气说。

大家你看看我，我看看你，没人理会他。

他接着说："请你们想一想，'夕'既然那么厉害，为什么你们到竹林里就会安全了呢？"

"它怕火！更怕竹节炸开的声响！"他继续果断地说。

人们听到这里，有的觉得他说得对，有的半信半疑。最后都跟着老人回到家，按照这个孩子说的做好了准备。

到了夜里，村民们还是害怕"夕"会来，没人敢睡觉，就来到村里的空地上，点着了一些碎竹子取暖。夜深了，人们困得打盹的时候，突然响起一声震天般的巨吼，大家恐惧地抱成一团。这时，那个聪明的孩子突然站出来说："我去把这个怪物引来，你们往火堆里扔竹节就行！"

人们还没来得及拽住他，这个孩子就来到了村口。这个孩子看到"夕"正在那里横冲直撞，摧毁了很多房屋。他面无惧色，大声叫道："你这个怪物，害得百姓没法安居乐业，今天就给你点颜色看看！"说完就往回跑。

"夕"听到孩子的叫声，饥肠辘辘，便循声追来。"夕"看到家家门墙上的红布，没敢进去，就直奔村中的空地而来。

"乡亲们，往火里扔碎竹节啊！"这个孩子大声喊道。

可是，大家因为害怕，已经在那里愣住了。在这个瞬间，"夕"已经用它的角挑起这个孩子，重重地甩在了地上……

听到孩子落地的声音，村民们反应过来了，纷纷往火堆里扔起了竹节。由于砍伐不久，湿湿的竹节遇到旺火后纷纷爆裂，噼里啪啦地响了起来！"夕"被惊得掉头鼠窜。

天亮了，人们的房屋因为门前挂了红条，"夕"没敢进，保住了。可是村民们高兴不起来，因为那个聪明的孩子被"夕"挑死了。他的名字就叫作"年"。这一天，就是正月初一。

因为"夕"没有死，所以人们为防御"夕"，每年的腊月三十，大家都备好竹节等候，希望早日除掉"夕"。一年年过去了，"夕"再也没有来。这

乡韵

种习俗却流传了下来，演变成贴对联，吃着年夜饭，一起熬夜守岁等待除夕的钟声。

📖 综合拓展

1. 和小伙伴们说一说，除夕这一天都有哪些习俗？

2. 剪窗花、贴对联、写福字，在除夕这一天，体验所有的春节习俗，感受春节的快乐。

第 17 课 点天灯

　　每年除夕的晚上，黄河两岸山上的夜空被灿烂的礼花装点得五彩缤纷的时候，孩提时代点天灯的壮观场景便浮现在脑海里。

　　那时候，在我家院子的后墙边有一块直径一米左右的大石头，石头上凿了一个直径20厘米左右，深30厘米左右的深坑，坑里装满了泥沙。这块不起眼的石头，便是点天灯时竖长杆儿用的"地基"。它之所以会放在我家院子的后墙边，是因为每年除夕的点天灯都是由我爷爷来主持的。

　　除夕几天前，爷爷早就叫村里的几个年轻小伙子抬出碗口粗细、旗杆一般高的松木椽子，检修上面那些用来挂灯笼的"枝丫"，补刷上亮亮的清漆，再擦拭干净，使长长的灯杆儿变得崭新如初。各家各户也会早早准备好一只漂亮的灯笼，有宫灯样的，有鲤鱼样的，有荷花样的，简直是五花八门，每一只灯笼都凝聚着一家人对来年生活的美好心愿和祈祷。

　　三十晚上天一黑，各家各户汇聚到我家院子后边的空地上，点亮自家的灯笼，挂在长杆上。爷爷就指挥着一群年轻人，把长杆儿竖起来，栽到那个大石头的土坑里，夯实泥沙，再用绳子从不同的角度把长杆固定好，天灯就算点亮了。

　　寂静的夜空中，突然竖起挂满五彩灯笼的一根长杆，远远看起来，就像我们村里点着了一只巨大的灯。夜幕也变得璀璨起来！每当这个时候，我和小伙伴们总是会仰着头，情不自禁地喊出一声长长的"哇——"！不管大人们怎么呵斥，我们总是像小兔子一般，在场地上或者蹦蹦跳跳，兴奋地拍着手；或者围着天灯转圈，可劲儿地撒欢儿。

　　等我们回过神的时候，各家各户的老奶奶已经带着儿媳们，把整个腊月准备的各色美食，摆在了大石头前的空地上。香味儿在寒冷的空气中飘散开来，我们肚里的"小馋虫"也就被勾引得跃跃欲试。但是在爷爷的"祈福"仪式没有结束前，谁也不敢伸手。

在全村人的注目下，爷爷会跪在天灯下，在大石头前点上蜡烛，然后敬酒敬茶，口中念念有词，大概是一些祈福的话语。等爷爷说完，早已跟着他跪在天灯下的人们就会随着他一起向天灯三叩首。这时候，大人们总会对我们说："谁的头磕得响，老天爷就保佑谁！"于是，所有的孩子都像比赛似的，把头在地上磕得咚咚响。

祈福仪式结束的时候，孩子们沾满土的额头都变得通红，但谁也不在乎，因为我们知道，接下来大人们就会把台面上那些美食分给大家吃，这也是点天灯中最让我们快乐的环节。在天灯的照耀下，辛苦了一年的人们分享着美食，全村男女老少的脸上都绽放着快乐的笑容！据老人们说，今晚的食物吃得越多的人越有福气！所以，摆上来的美食从来都不会剩下。

整个正月里，天灯都不能灭。所以，每天晚上，带领着小伙子们放倒天灯，给一个个灯笼里续上油或者蜡，再重新竖起来，是爷爷正月里的重要工作。这样，点天灯的祈福仪式，每天晚上就会重演一遍，只是规模比除夕小一些。后面每天晚上的美食，由村里每家每户轮流提供。大人们每天晚上在天灯下重复着祈福的话语，孩子们在天灯下重复着无尽的快乐！

后来，人们把灯笼里的蜡烛换成了灯泡，这样就不用每天添油添蜡了！再后来，人们都渐渐搬进了楼房，天灯也就消失在了夜空中。

长大后才明白，天灯谁也保佑不了，甚至保佑不了它自己！但是那璀璨的天灯，拉近了左邻右舍的关系，促进了村民们的团结，却也是不争的事实，给我的童年留下了难忘的快乐。

（兰州市城关区民主西路小学　李鑫）

综合拓展

1. 利用身边的材料制作一个灯笼，在上面写上祝福的话。
2. 过年的时候约上自己的小伙伴，打着灯笼到街上走一走。

第18课　火把节

正月十五的午后，大人们都要陆陆续续地来到打麦场上，从大大小小的草垛上撕扯一捆麦草带回家；还要嘱咐我们寻一根向日葵秆，准备一些扎束用的细绳索。每当这时候，无论是暖暖春阳，还是料峭春寒，每个人的脸上都洋溢着节日的兴奋，因为大家都知道傍晚就要打火把了。

当爷爷把麦草裹在向日葵秆上，用细绳索一截一截扎好火把，立在大门边上，去喝茶休息的那当儿，淘气的我们会偷偷举起火把，在院里跑来跑去。因为火把长，我们矮，有时候跑的时候把持不住和火把一起倒地，火把散了；有时候因为院里狭小，在跑的时候火把挂着树冠或屋檐，火把折了。这时候，爷爷是不会怪罪我们的，总会重新扎好火把，再另外给我们扎一把短一点、细一些的火把。

扎火把

正月十五这天的晚饭，好像总是比往日晚一些，天也黑得比往日慢一点。急不可耐的我们总是在大人们还没吃完，就已经在院门外摆放好三堆麦草，放上三张或七张黄纸，做好打火把最后的准备。大人们总是不紧不慢，我们进进出出地催促着："天已经黑了！""邻村的火把着了！"

夜幕慢慢降下来的时候，父亲终于出马了。他举着火把首先进入厨房，借灶台上的火点着火把顶端，神情严肃地一边念念有词，大意是要所

准备的草堆

第**3**章　家乡的年俗

73

有的晦气随火把而去；一边快速地拿火把在厨房里转上一圈后，再进入堂屋。总之院里的每一间房子都要进入，连鸡窝狗窝都不放过。我们总是一边跑着掀门帘，一边催促着父亲快点快点，生怕火把在出院门的时候已经烧光。当父亲冲出院门，用火把点燃门前的三堆草时，脸上的神情也活泼起来。这时候的我们就像接力赛队员一样，迅速地从父亲手中接过火把，吆喝着，挥舞着向村外冲去。

巷子里燃起的火堆

夜幕渐渐地重起来的时候，家家户户的火把都出门了。村里的每一条巷道都被火把照得红彤彤的，远远望去，就像一条条火龙游向村外。

在村外最偏僻的山梁上，零零星星的火团越来越多，汇聚成一簇簇、一团团。门口的草堆也变成了火堆。男的女的，老的少的，欢笑着从火堆上一个个跨过去。耄耋老人，被儿女一个个从腋下架起来跨过火堆；襁褓中的孩子，被父母一个个抱起来跨过火堆；只要在火堆上跨过去，平日里身上沾染的晦气都会被驱赶殆尽。在人们的心中，今天晚上的火是神圣的。

希望之火

所有的火把都熄灭了，我们一个个依偎在爷爷奶奶怀里，在他们慢悠悠的谈论中进入梦乡。爷爷奶奶好像说，今晚的烟气比去年小，庄稼的病虫害轻，应该是一个丰收年，等等。

（兰州市七里河区宋家沟小学　李光红）

综合拓展

1. 火把节寄予了人们怎样的情感？

2. 你还知道有哪些欢庆活动？

第4章 家乡的绝活

先辈们在艰苦的环境中自力更生，积极地与困难做斗争，留下了各种绝活。简单而又神奇的挑擦，解决了风寒的侵扰；方正的胡基，建造了冬暖夏凉的土坯房；打袼褙和纳鞋底，凝聚了母亲的爱与期许；编扎笤帚的技艺，给我们的生活带来了诸多便利……

每一种绝活，都是这块土地上的一首歌谣，传颂着先辈们的不屈与智慧。孩子们，请到生活中寻找这些绝活的身影，用心体验，用心传承。

第 19 课 　拔 罐

如果因感冒咳嗽不止，"拔火罐"是老人们最常用的疗法，又叫作"拔罐子"。所用器具最早是陶制的罐状杯子，有些人家直接用蒜钵子，大都是口小腹大，再备几条报纸绺儿和火柴就可以了。开始前，医者先用手掌搓热患者的背部，再确定好拔罐位置，抹上唾沫。接着以火柴点燃报纸绺儿，放进罐里燃烧，等火灭了，倒出纸灰。这是温罐，多在冬天使用，一是不让患者感到罐子冰凉，二是增强拔罐的效果。若是夏天就没有这一环节了。医者再次点燃纸绺儿放进罐里，等火焰正旺时，快速向罐口吹口气，在火焰回头的一刹那，把火罐迅速扣压在患者的第七节脊椎处，最后还要提罐试一试，或是问问患者火罐吸附的力道，确定适度后，给患者盖上衣服，等候十分钟到一刻钟，就可以取下罐子了。取罐时也要注意手法，一手握罐，一手在罐口边缘处用手指按下皮肤，使空气进入罐中，火罐就自然脱离背部了。火罐印处的颜色深，说明症状重，效果好；颜色浅，要么说明症状轻，要么是火候拿捏得不好。稍待休息后，可以重来。这个法子治咳嗽比药来得快，尤其是对小孩子，效果更明显。

因感冒引起的头痛、发烧、浑身酸痛，在中医看来是身体内外失调、气血瘀滞引起的。拔火罐，正好使身体内外协调畅通，从而达到治病的目的。

除了这些治感冒的方法外，老人们还有一个"揪一下"或"拾掇一下"的急救方法，没有一个固定而规范的名称。和拔火罐配合起来使用，效果更神奇。

盛夏季节，人们在地里干活累了，总喜欢在阴凉处休息。出了很多汗的人血液流速很快，毛孔也是张开的。如果不等汗液减少，就躲到阴凉处，体质稍差的人很快便会感到恶心并伴有呕吐现象；重者满头大汗，四肢冰凉，浑身发冷，无力动弹。老人们把这种症状叫"大阴"，送医不及时，会有生命危险。即使送到医院，也没有立刻见效的法子。若是打针、输液，处治不当的话，反而危险更大。

家乡的老人们对大阴症那是手到病除。在他们看来，这是患者想"挨打"了。只要让患者来到向阳处，褪下他的衣服，搓热患者的脊背，从背部和胸部交替着把血液捋向胳膊，用手绢或布条扎紧肘关节上部，再从手掌处捋向肘关节处，扎紧肘关节下端。接着一手握住患者冰凉的手腕，一手在患者肘弯处用拇指和食指揪掐，直到皮肤泛出青紫块。症状严重者，是感觉不到疼痛的；症状轻而疼痛感强的，在肘弯处涂点唾沫，可以减轻揪掐时的疼痛感。然后解开手绢或布条，抖动患者胳膊，从胳膊向背部和胸部交替推擦，使血液回流到背部和胸部。两只胳膊都揪完后，让患者趴下，屈起小腿，并拢三指在腿弯处拍打或者揪掐，直到出现青紫色。症状轻者，这时就可以继续干活了；症状重者，或伴有恶心呕吐者，回家在脊背第八节脊椎处拔一下火罐，提出体内的寒气，就彻底没事了。

据老人们讲，大阴症最怕拖延，一旦身体内突然聚集的"阴"扩散开来，小命就难保了，必须及时把体内的阴气驱除出去。

这些看似粗鄙的医术，虽然没有堂堂正正地登上过台面，可的的确确解除了不少人的病痛和生命威胁。在如歌的岁月中，这是先辈们长期和疾病斗争的结晶，我们没有理由丢弃！

（兰州市城关区通渭路小学　陈旭方）

📖 综合拓展

你见过拔火罐的场面吗？讲给同学们听听。

第 20 课　挑　擦

　　南北方向的龚湖公路和东西方向的西黄公路，缩短了家乡大山深处和市区的距离。随着脱贫目标的临近，各村的小轿车也多了起来。如今的乡亲们，不管是到乡卫生院就医买药，还是拨打120急救，着实方便多了。沐浴着改革开放的幸福阳光，很难想象在以往的困难日子里，乡亲们是怎样求医问药的。

　　我在走访中发现，在南部山区沟壑纵横的村庄里，老人们掌握着一些独到的医术。虽然不成体系，不能和中医、苗医、藏医相提并论，甚至没有一个科学的名称，但对付一些头疼脑热的小病还是绰绰有余的，根本不必到医院去看医生，甚至不用吃药。可惜的是这些医术被现在的年轻人忽视了，要么被视为旁门左道而不被认可，要么就医时怕疼而不愿尝试，濒临失传的困境。

　　寒来暑往的四季交替中，无论老幼，伤风感冒是防不胜防的。患者有的浑身酸痛，四肢无力；有的发烧头痛，不思饮食，大多还伴随着咳嗽、流鼻涕，不一而足。这时候只能卧床休息，无法干活了。在医疗条件大为改善的今天，身板硬朗者，只要吃几顿感冒药就没事了；身体羸弱者，打上几天点滴也就复原了。

　　可是家乡的老人，感冒了很少吃药，而是用"挑擦"来治疗。挑擦的工具很简单，一根细麻绳，一根缝衣针，就可以开始了。挑擦开始时要将患者的上身衣服脱掉，医者一手紧紧握住患者的手腕，一手使劲捋擦患者的背部和胸部，直至发热。接着，把患者前胸和背部的血液捋向手臂。每次捋到手腕时，握手腕的手要松一下，使捋来的血液向手掌集中；捋血液的手退回去时，握手腕的手迅速攥紧，阻止捋来的血液回流。反复十几个来回，直到患者的手掌感到困麻胀痛为止。此时要迅速用布条在肘关节到手腕处勒上一圈，再扎紧，以免血液回流。然后在患者手背与手心反复捋擦，将血液集中至某一指尖，直到患者感到手指困胀时，用细线绳从指根处逐渐向指尖紧紧缠绕，把积血挤压到指尖。这时，患者手指会呈现紫红色。最后，用火烤过的针挑刺指尖靠近指甲处的积血部位，放出聚集的血液，感冒症状轻，挤压出的血液颜色是泛红的；感冒症状重，挤压出的血液是黑紫色的。医者用药棉擦拭伤口，一个手指就算完了。

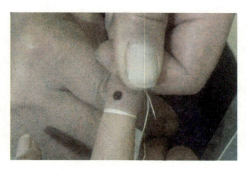

挑 擦

有经验的医者，会根据血液的颜色决定是否挑刺其他手指。松开线绳后，然后再开始捋，如法炮制，将每个指尖都来这么一下子。完事后换个胳膊再捋，直到十个手指尖全挑破渗出血珠，擦干血迹。挑擦完毕后，先松开扎手指的线绳，再松开扎胳膊的布条。这时，医者一手抓住患者中指，一手从患者手心向臂膀逆向推搓，直至后背和前胸；一边推搓手臂，一边拍打或抖动胳膊，帮助血液回流。

挑擦结束后，患者立刻觉得轻松许多。症状轻者就可以下地干活了；症状重者，只要喝碗"三王汤"（用花椒、生姜、葱根熬制的发汗水），盖上厚被发一身汗后，就会备感轻松。

如果患者是重感冒后肌肉酸痛困胀，无法下地劳动的壮汉，在挑擦之后，再辅之以"扳冷筋"的疗法，效果会更好。具体方法是，患者面朝下趴在炕上，露出后背。医者先用干毛巾擦拭掉患者身上的汗渍，再搓热自己的手掌，立即在患者脊柱双侧的背部，由下而上地使劲搓擦，直到皮肤发红。紧接着在肩胛骨内侧，找到后背青筋，双手捏住，或向上揪起或往外侧扳扯，两侧各十二下即可。最后轻轻地按摩患者背部，使肌肉放松。这个法子虽然能舒筋活血，治感冒见效快，但是不适合年幼体弱者，也不适合妇女等疼痛耐受力差的人。

挑擦这个方法，具有简单、方便、廉价、有效等诸多优势，这应该也算是我们兰州独特的"非物质文化遗产"吧！

（兰州市城关区西北新村小学　邹洪涛）

📖 综合拓展

1. 你知道挑擦中的"挑"和"擦"分别是什么意思吗？

2. 通过学习和阅读，说一说挑擦是如何进行的。

第 21 课　煤油灯

前几天粉刷老屋搬家具的时候，母亲拿出了一个布兜，小心翼翼地打开，展示给我看："这是你小时候读书用的小油灯！"我轻轻地接过煤油灯，禁不住热泪盈眶，像重逢久别的老友一般欣喜，轻轻地拂拭着，凑近鼻子，重温那熟悉的味道。

小时候，很长一段时间里，因为家里装不起电表，更交不起昂贵的电费，所以一直用的是煤油灯。记得爷爷家里的灯盏好看，总被弟弟偷过来，为此没少挨父亲的呵斥，怕不小心给打碎了。爷爷的灯盏是玻璃的，底座圆圆的，上面是一寸半高的细颈，细颈上边是空心的圆肚，盛满了灯油。圆肚顶上是一个带有螺旋扣的瓶嘴，瓶嘴上拧着一个铁盖，中间有一个黄豆大小的圆孔。棉花搓成的灯芯，一头刚露出铁盖上的圆孔，一头蜷曲在油瓶圆圆的肚

爷爷家的煤油灯

子里。只要擦根火柴点燃铁盖上的灯芯，如豆的灯火瞬间就会驱走屋子里的黑暗，同时一缕黑黑的油烟直冲屋顶。为了节约灯油，奶奶总是把灯芯剪得很短，使本来就不亮的灯光变得昏暗起来。这样一盏漂亮的灯盏，让我艳羡了很久。三十多年后的今天，只要想起来还是觉得胜似华丽的台灯。

我上学的时候用的小油灯，是父亲特意给我做的。一个不知从哪里找来的咖啡色药瓶，直径约5厘米，高约15厘米，瓶口也有带螺旋扣的铁皮盖。盖子中间铳开一个筷子粗的小孔，再用铁皮卷了半拃长的一截细管，插进铁皮盖中间的圆孔里，穿上棉花搓成的捻子，添上煤油，就成了一盏小油灯。虽然不及爷爷家的漂亮，但是因为有了束捻子的管子，灯芯不易掉进油瓶里，所以用

起来更好。这盏小油灯是父亲送给我的第一件礼物，我非常兴奋。我们的小屋从此晚上有了亮光，不用从窗棂的破洞里看星星，也不用去借亮挤在爷爷的炕上讨人嫌了。

记得当天晚上，我就拿着借来的一本《凿壁偷光》的连环画，就着小油灯的亮光看，母亲抚着我的头说："你看，你比画上的这个孩子幸福多了！"从那天晚上开始，我就很少到爷爷的炕上去了，也不再稀罕爷爷的灯盏了。

父亲给我做的小油灯

这盏看起来并不漂亮的小油灯，陪我度过了小学和初中的前两年。每当夜幕降临的时候，我盘腿坐在炕上，只要把点燃的小油灯往炕桌上一放，笼罩在我书本上的黑暗就会慢慢躲开，再也不敢靠近我。但是你也不要以为这小油灯是多么的温顺，如果长时间不理它的话，它也会要点儿小脾气。昏黄的灯光下，要么会噼啪一声响，灯光突然间闪烁一下，好像在提醒你不要忽略它的重要性；要么灯光突然间变得很亮，等你细看的时候，原来灯芯已经变成黑心红边的小莲花模样。每当这时候，在旁边做针线的母亲总是说："好好学习，祖师爷很高兴。"但是我一直没有问过，母亲说的祖师爷是不是孔子。母亲虽然这样说，但还是像奶奶那样，要么用针拨掉灯芯上的灯花，要么用剪刀剪去黑色的灯芯，再用针挑弄到合适的亮度。当然，使用小油灯有时也比较危险，只要闻到刺鼻的烧毛发的味道，不是我的眉毛被燎了，就是我前额的头发被烧着了。至于两个鼻孔被熏黑，那是常事。

我小学毕业时，小油灯也断"粮"了。乡政府旁边的门市部里不供应煤油了。我只能在寒暑假里，带上两个有把手的方形塑料桶，远走永靖县关山乡去打煤油。第一天去二姨家里住下，第二天上午由表弟带我去关山乡门市部，第三天返回。没有公共汽车，只能步行，来回将近一百公里。回家的路上，用绳子把塑料桶的把手连起来，搭在肩上，胸前一桶，后背上一桶。一路上那六千克煤油在我的背上越来越重，每次从谷底的邵家洼村爬上山梁上的麻地湾村时，总是累得我腰酸背痛，满头大汗的。但一想到我的小油灯有"粮"了，也就没了怨气。

初三的时候，永靖县的关山乡也不供应煤油了。家里接了电灯，我的小油灯光荣地退休了。记得电灯亮起来的那天晚上，母亲非要我用抹布擦拭小油灯，清除灯芯管周围的油垢，然后一边用一个蓝色的布兜包起来，一边唠叨："不能忘了在黑灯瞎火的时候，给你照亮的小油灯，以后说不定还要用哩！"

时至今日，当我再次看到我的这位功臣时，我只能再次捧起它，闻闻那久违的煤油味儿。为了忘却的纪念，赶快拿出手机为小油灯拍了几张照片，再一次用布兜包起来存好。因为它不仅照亮了我的黑夜，也照亮了我的人生。

（兰州市七里河区龚家湾第一小学　陈小春）

📖 **综合拓展**

1. 列举出从古至今，你所了解的照明用具。

2. 煤油灯在过去发挥了特有的作用，在现代生活中又出现了更多种类的灯具，发挥不同的作用，请完成下表。

名称	用途	作用
煤油灯		
节能灯		
白炽灯		
日光灯		
LED灯		

第 22 课　拨楞锤

　　如今的日子，不为温饱发愁了，村里的老爷爷都有了自己的玩具。有的聚在向阳的角落里，心无旁骛地玩兰州特有的牛九牌；有的两手搓捻着棋子，聚精会神地指挥着车、马、炮去将军；有的手腕上挂着袖珍音箱，悠然自得地在田间地头散步，一个个额头上的皱纹也舒展开来。而在以前困难的日子里，他们是没时间玩的。即使下雨天，老天都给放假了，他们的玩具也只有一样，就是拨楞锤。

　　拨楞锤其实是一种捻麻绳用的工具。如今好多人都不认识了，更不用说知道它的用处。

骨质的拨楞锤

　　从质地上来说，上好的拨楞锤是骨质的，次点的是木头的，约20厘米长。不管什么质地，都是中间细一点，两头粗一点，打磨得非常光滑，中间还钻了一个筷子头粗的圆孔，穿着一根大约20厘米长的铁钩子。找不到铁钩的，也有用带钩的榆树枝代替的。

　　别小看这简陋的拨楞锤，它可是家家户户的必备品。因为日子紧巴巴的时候，农村家庭很少有买鞋穿的，都是自家纳千层底做的布鞋。家里人口多的，每人一年起码得两双鞋。如果都要奶奶们自个儿搓麻绳的话，也是吃不消的。所以捻麻绳的活儿，大多情况下就是爷爷用这简陋的拨楞锤完成的。

木质的拨楞锤

捻麻绳对于爷爷来说就像玩儿一样，因为不费力气，随时都可以。但是要拨楞锤转起来的话，得先准备好麻。

一家老小利用茶余饭后的闲暇，从朽得发灰的麻秆上剥下麻皮，分成宽窄匀称的麻线绺儿，再按长短分类，一束一束地绺成线盘，存储起来。只有拨楞锤带动麻线绺儿变成麻绳，它的转动才有意义，爷爷奶奶的脸上才会有甜蜜的笑容。

每当雨后不能下地的时候，巷子里的老爷爷就会不约而同地玩起拨楞锤来。解开一束麻线绺儿，搭在左肩上。抽出一两根麻线绺儿，一头捻成线状系在拨楞锤中间，一头从铁钩上绕出提在左手里。右手抓住拨楞锤的一端，向怀里一拨，随着锤子的转动，钩子上方的麻线绺儿就拧成线状的单股绳了。这时候，左手抓住线锤，右手捏住拧好的麻

爷爷的拨楞锤

绳上端，从铁钩上一圈圈解开，缠在线锤中间，留下一拃左右时，再次从钩子上绕出，交在左手里。右手接着从左肩上抽出麻线绺儿，续接在左手里的线茬上，再次转动线锤，依次往复。等到麻绳在线锤上缠不下的时候，拔下钩子，取下麻绳球，再插上钩子就可以继续捻了。

纳鞋底的麻绳是要捻成双股的，单股的不行。要想捻成两股的，只要把两根单股的麻绳缠在线锤上，按照捻单股绳的方法操作就行，不一样的地方，就是左手提锤时，无名指或小拇指总是在两根单股绳中间。因为少了续接的程序，速度也要比捻单股绳快很多。

捻麻绳时的爷爷是快乐的，拨楞锤在怀里旋转时，就像我们的陀螺和悠

悠球一样，会把所有的不开心旋转出去，荡漾开来。

　　如今，我们还会看到有的老爷爷偶尔拿出拨楞锤，细细端详一阵，脸上露出一丝微笑。因为拨楞锤不仅是他们的玩具，而且是他们与困难搏斗的工具。看到此情此景，又有多少人能懂得老人别样的情怀呢？

（兰州市七里河区宋家沟小学　李光红）

综合拓展

　　1.了解生活中的麻制品。

　　2.我们穿的服饰材料除了麻，还有哪些？

　　3.自制一个拨楞锤体验拧绳子的快乐。

第 23 课　打袼褙

　　村里的老少，再也没有穿补丁衣服的了。只有在看电视的时候，老人们指着乞丐身上的衣服说："看，那就是补丁。"在孩子们的字典里，补丁已渐渐成为传说。在家乡，补丁也叫作铺衬。四十年前，铺衬可金贵着呢。那时候人们很少买衣服、做衣服。兄弟姐妹多的家里，一件衣服老大穿小了老二穿，老二穿不成了老三接着穿。不管是谁的衣服，都是新三年、旧三年，缝缝补补又三年。没有铺衬的话，就没法子补破洞了，那还不露屁股了。实在是穿烂了的衣服，也舍不得扔掉，还要拆成大大小小的铺衬，剪掉毛边，攒起来。奶奶常说："指甲盖大的铺衬也能用得上。"

挂在墙上的袼褙

　　这些平时积攒的形状、颜色不一的铺衬，除了做补丁外，就是打袼褙。袼褙是用来做鞋帮、鞋底的必备材料。既然乡亲们连身上的衣服都很少买新的，脚上的鞋子当然也是自家做的多。按照一个人每年两双鞋来算，人口多的人家，袼褙的需求量也是不小的。所以，打袼褙就成了家家户户的主妇必会的手艺。

打袼褙的时候要准备好糨糊，也就是家乡人说的糨子。这种糨子，可不是邮局用的、商店卖的糨糊，要略微稀一点，更不是现在用的胶水，而是用面粉在锅里熬成的面糊糊。有用白面打成的，也有用玉米面打成的，还有用小米汤熬成的。还要准备一块平板。那时候，家里的墙是土的，地是土的，很难找到一块平整的木板。吃饭用的炕桌是唯一的平板，实在没有就只能到邻居家去借了。如果有旧报纸就更好了。

打袼褙多是在晴天，尤其是夏天的午后，爷爷睡午觉去了，奶奶就开始忙活了。在树荫下，摆好炕桌，坐在小凳子上，先将报纸用糨糊对接好，铺满炕桌，再把糨糊刷在报纸上。没有旧报纸的话，就直接在炕桌上面刷糨糊了。从积攒的铺衬里，拣几块较大的铺衬，拼贴在刷了糨糊的报纸上做底子，不能有一点缝隙。接着再次刷上糨糊，将形状各异的铺衬一块一块地粘上去，就像现在的拼图游戏一样。既要贴满第一层，不留缝隙，还要避免第二层的对接缝隙和第一层的重合。如果是做鞋帮用的袼褙，粘贴三层就可以了；若是做鞋底用的，就粘贴四层到五层。还要看铺衬的结实程度，好一点的铺衬，可以少一层，太旧的铺衬就得粘贴五层了。最后一层贴好后，还要刷上糨糊，并且要刷得浓一点。因为贴够层数后，是要揭起来贴在土墙上的，用墙面吸干袼褙中的水分，才算是一张完整的袼褙。所以这几天，土屋的里外墙上都贴满了袼褙，就像给屋子穿了一层夹衣一样。

如果打的袼褙多，屋面的墙不够用，就把先前贴上去的揭下来晾在阴凉处，再在墙上贴新的。反复次数多了，墙上就会留下贴袼褙的印记。乡亲们不但不会笑话墙面难看，反而会夸赞这家的主妇勤劳能干。因为袼褙是不能暴晒的，否则会影响平整度。等彻底干透了，就收集起来挂在墙上。袼褙最怕受潮，否则会起层、长毛，导致无法使用。

在布鞋渐渐退出历史舞台的今天，打袼褙的技艺已经显得不再重要了，但是物尽其用、自力更生的打袼褙精神，无论什么时候都不应该过时，值得我们世代传承。

（兰州市城关区民主西路小学　魏屹琨）

1. 通过各种途径了解糨糊的制作方法，并尝试打浆做糨糊。
2. 用废旧布头学着打一块属于自己的袼褙。

第 24 课　纳鞋底

　　现在的校园里孩子们的小脚上很少有穿布鞋的了，偶尔哪个孩子穿了一双布鞋，也是躲躲藏藏的样子，很怕伙伴们说他老土。

　　若是在三十年前，条纹布的鞋面，毛边的千层底布鞋，在春季开学的时候，曾经是孩子们穿来炫耀的。穿上新布鞋对于孩子们来说，就像是长了一对翅膀一样。女孩子穿上脚面有带子的红布鞋，跳皮筋的舞步更像蝴蝶一样轻盈；男孩子穿上黑条纹的布鞋，那攀爬腾跃的野劲就像穿了战靴一样，再也不怕扎伤小脚丫了。

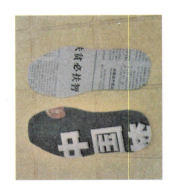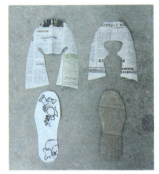

鞋　样

　　布鞋因为柔软舒适不硌脚，透气吸湿不臭脚的特点，深受家乡人的喜爱，所以做布鞋一直是家乡人的一门绝活。但是随着社会的发展，布鞋渐渐淡出了我们的生活，最能体现布鞋手艺的纳鞋底技术也被人们渐渐淡忘。只有年老的爷爷奶奶，还对纳鞋底情有独钟。以前家里人多，买不起鞋，只能自家做鞋穿。做布鞋的众多环节中，纳鞋底是最费劲的活儿。为了保证全家老少一年当中至少有一双鞋穿，不管春夏秋冬，只要有点空闲，奶奶就要纳会儿鞋底。特别是年关时节，为了给家里的每个孩子赶制一双新鞋，爷爷也会帮把手。昏黄的油灯下，奶奶做鞋帮，爷爷纳鞋底，彻夜不息，好几次我被爷爷纳鞋底时捯麻绳的沙沙声吵醒。随着年龄的增长，这个频频在梦乡里出现的场景让我备感温馨。

鞋在我们脚下，每天都会遭受磨损，以及汗浸和泥水的浸泡，很多情况下，鞋帮还好，鞋底已经破损透底了。用麻绳纳就的鞋底可以有效地增加耐磨力和硬度，延长鞋子的使用寿命。据考证，我们的祖先在三千多年前，就发现了纳鞋底的妙处，没想到传承了这么久。

每当奶奶从墙上取下袼褙，拿着鞋样在上面比画，甚至用鞋样比照一下我们的脚时，就知道有好事了。有新鞋穿，我们可高兴了。奶奶照着给我选好的鞋样，把袼褙剪成鞋垫的形状，但要比脚多让出一厘米左右的一圈，留出上鞋面的份儿。再把剪好的鞋底片摞在一起，每只鞋底一厘米左右厚。最后，把鞋底片用糨糊粘贴成一体，放在平整的地方，用石板压上一个星期，等鞋底片完全干透，就准备纳鞋底了。

在等鞋底片干透的这段时间里，搓好纳鞋底的纫头，打磨安装好锥子的针头，也是不能小觑的工作。尤其是搓纫头，是个细活，急躁不得。麻绳粗，针鼻小，为使麻绳顺利地纫进针鼻，就要在一头续接上一段均匀地细下来的麻绳。奶奶习惯在小腿上搓纫头，所以她小腿上的皮肤经常红得发痒。爷爷在搓纫头上有个绝活，他的大拇指和食指好像有魔力一样，被续接上的细麻绺儿在拇指和食指的前后搓动下，飞快地拧成单股绳，两股麻绺儿几乎是同时拧成的，就在这当儿，再抓住时机搓动已经拧紧成型的两根单股绳，直到它们再次拧结起来。续接的麻绺儿越来越细，拧结的纫头也越来越细，直到能穿进针鼻。所以奶奶总是截好麻绳段，拣好续纫头的麻绺儿，一到爷爷喝茶的空儿，就要他给搓几个纫头。当然，侍弄锥子的活儿也是爷爷的，他安的锥子针头不脱把儿。除此之外，顶针也是纳鞋底必备的工具。

奶奶纳鞋底的时候，很悠闲的样子，好像很快乐，没有一点辛苦的表情。左手抓着鞋底，食指和中指分开，右手握着锥子，把两条胳膊抵成180°，几乎贴在胸口上；两条胳膊一起往中间用力，使锥子尖从食指和中指中间"钻"出来。接着，拔下锥子，拿起纫好麻绳的针，从扎好的眼里穿过。如果针穿过时有点吃力，要么把针放到头发里面来回蹭几下，要么用右手中指上的顶针顶一下针屁股，拉出针和麻绳头。再用锥把子将离鞋底一拃位置的麻绳绕在锥把子上，左手抓住鞋底两边，右手把麻绳夹在食指和中指之间，拉着锥把子，双手同时连拉带扯，让麻绳的紧实度达到极限。不能有紧有松的，否则不耐磨；绳结要平整地带到针脚里面，否则会硌脚。这样纳成的鞋底，相磕一下会咔咔作响，坚硬无比。在这个循环往复的动作当中，两条胳膊，包括手腕，始终是处于"重压"之中的。因为鞋底又厚又硬，要扎出眼来，只有一手死死抵住鞋底，另一只手使劲用锥子"钻"鞋底才行；每次紧麻绳的一拽一拉，没有臂力是无法做到的。可是在我的记忆中，从没看到瘦小的奶奶纳鞋底时很吃力的样子。

奶奶纳鞋底，先是在鞋底边3毫米处走上一圈，把几层袼褙纳成一个整体，然后再从脚尖开始。这时候是讲究针法的。第二个针眼是在第一个针眼横向5～8毫米处。第三个针眼在前两个针脚中间向下5～8毫米处。第四个针眼又在第三个针眼的横向同距离的位置，最后，在第二个针眼的横向5～8毫米处再扎下去。结果一面是平行等距离的横向针脚面，另一面是同样规则的斜向针脚面；针脚整齐划一，鞋底平整而且坚硬。所以从针脚的平整度上，就能看出鞋底纳得好不好。

爷爷纳鞋底的时候，要用专门的工具——夹板子。夹板子的构造非常简单，就是两块半米长、一拃来宽的木板，中间用一根能活动的掌（chèng）相连接，形成一个"A"字形。爷爷把鞋底夹在"A"字顶端，坐在小凳子上，用两腿膝盖内侧夹紧夹板，不让它任意活动，就可以放手大干了。这个夹板其实解放了左手握鞋底的程序，可以专事穿针拉绳，所以大大提高了纳鞋底的效率。

纳鞋底的夹板　　　　　　　　已经绱好的布鞋底

在村小里，偶尔看到穿布鞋的孩子，我总要摸摸他的头，夸赞他的布鞋。每当这个时候，因为我的脑海里总会浮现出爷爷奶奶在昏黄的油灯下纳鞋底的情景。一双布鞋，传递给我的不仅是一份温馨，更是一份沉甸甸的责任。

千层底布鞋

（兰州市七里河区宋家沟小学　李光红）

综合拓展

唱一唱《中国娃》，感受千层底那一针一线中蕴含的深厚的爱。

第 25 课　编筐篮

　　筐，这个看似简陋的物件，曾经与乡亲们的关系非常紧密。出门的时候，大家臂弯上大多挎着一只或大或小的筐。大人们带着它下地，用来装草，好喂羊喂猪；孩子们带着它和粪叉子出门，捡拾路上的马粪等，用于积肥。播种季节，人们用筐把大堆的农家肥分散开来，均匀地分布到自家田地的每一个角落；收获季节，人们用筐捡拾挖出的土豆，收集掰下的玉米棒子等。所以别看这小小的不起眼的筐，它承载着家乡人的责任与希望。

　　筐是谁发明的，虽然已经无从可考，但是家乡的老人们都会编制，堪称家乡人的一手绝活。每当春播结束，不用锄草的空当，父辈们有的围着手艺最好的老爷爷，学习编制筐篮的精湛技艺；有的带着自己的成品或半成品，向老爷爷请教。

耐用的筐篮

　　编制筐篮主要采用平编方法，其特点是经纬交织，穿插掩映。先编筐底。选取粗细均匀、光滑直溜、长短一致的柳条32根，8根为一束，呈米字形摆放在地上，使每一束柳条都在一个平面上，作为经条。然后穿插纬条，在经条上压8根挑8根，从米字中心向外绕3圈后，再将8根一束的经条分为4根一束，让纬条在经条上按照压4根挑4根的方法进行穿插，交织成圆形的筐篮底部。纬条环绕

编筐篮的柳条

的圈数，取决于所编筐篮的大小，大的就多绕几圈，小的就少绕几圈。只是纬条在经条间穿插时，被编制者不时地拧着，老爷爷说，这是为了增强柳条的韧性，免得穿插经条时折断。

筐底的大小确定后，若要编成筐，就得安上筐把儿，老爷爷管筐把儿叫筐冠；若要编成厨房里装菜的篮子，就不用安装筐冠了。竖拢起经条，在其间直接穿插纬条，就形成了筐篮的外帮。

打好的筐底

筐冠虽然是由拇指粗细的柳枝或榆木枝做的，但也是有要领的。一是育，将选好的长一米二三的柳枝或榆木枝一边蘸水，一边在火盆上烤，直到能用两手把它弯曲成与底部的弧度一致的U字形。为避免枝条舒展开来，用绳子把两端连接起来，然后放在平地上，使"U"字的两端在一个平面上，再盖一块大石板，等其形状稳定。二是削，即将育好的筐冠，用小刀削去枝枝丫丫，尤其是"U"字底部，正是手抓的地方，越光滑越好。

育好的筐冠

安装筐冠的时候，根据编织的筐的深浅，确定筐冠两端的长度，截去多余的部分，并在两端内侧2厘米的地方削出浅槽，免得抓提时筐冠脱落。两根筐冠交叉成十字，弧度向上，两端向下，插在筐底，与竖拢起来的经条一起构成34道经条，让纬条仍然以压一束挑一束的平编方式循环绕行，掩盖经条。纬条续接的过程中，接头尽量留在筐的内部，免得纬条散开，这样不但美观，而且结实耐用。

当帮高达到20厘米左右时，即可收边（也叫收沿）。纬条不再继续穿插，余出来的经条一般也比较细了。将每一束经条收拢起来，由内向外拧结，压倒后附着在最上边的纬条上，再与紧邻的一束像编辫子一样编起来，最后一根或一束从外向里穿进纬条里，锁死筐沿。

待收边的筐篮

收沿之后，还要对新筐进行一次美化修整。首先要剪去收沿时向外滋出的柳条，使之不至于扎手。其次，削平筐内的纬条接头，使内壁的手感尽量平滑。认真细致的人，还将底部筐冠的端头用铁丝绑成十字形拉在一起进行固定；将筐冠顶部的弧度交叉处也用铁丝扎起来，以提高筐的承重度，免得筐冠脱离。做完这道工序，一款既结实又美观的筐就编织好了。

在家乡，柳条是有限的，所以柳条编制的筐篮是稀罕的，一般用来装运粮食。而装运肥料的筐篮，都是用尖山林区的荆条编制的。所以在编制过程中，对手的磨损更厉害。但是我们的父辈不怕，他们的手上从小就戴上了茧制的天然手套。这精巧而实用的编制技术，是先辈们千百年来，用智慧与困难搏斗的结晶。当他们的巧手在怀里拨动荆条翻飞的时候，心中充满对幸福生活的期待。

（兰州市七里河区张家岭小学　马保成）

📖 综合拓展

利用毛线、纸、吸管等物品尝试编制小物件。

第 26 课　扎笤帚

　　近几年来，随着越来越多的年轻人外出打工，家乡的土地渐渐荒芜。山梁上，沟岔里，那火把一样的高粱，黄缎一样的糜子，也从此成为梦乡里美好的景致。

　　随着高粱和糜子的消失，扎笤帚，这门在家乡传承了千百年的传统手艺，也可能随之消失！

　　笤帚是先辈们发明的一种打扫卫生的工具。扫炕离不开它，推碾子扫粮食也少不了它。不要小看这小小的笤帚，它可是家家户户不可缺少的工具。不起眼的笤帚还被人们赋予了一种神圣的职责，在年轻人新婚的时候，洞房布置完毕，总要拿一把新笤帚扫一扫，象征着把病痛苦难清扫出去。在新娘进门之前，还要放在床上，替一对新人占床，守护着洞房。由此可见，笤帚在家乡的传统习俗中非常重要。

　　时代的变迁，使原生态的笤帚越来越少，它们已逐渐被塑料笤帚、吸尘器等机械化生产的保洁工具所取代。扎笤帚的技艺，也仅在部分老人的手中传承，但也苦于没有制作笤帚的原材料（老人们称作笤帚件），难免有些惆怅和落寞。在岁月的年轮中，这门老手艺似乎注定要淹没在历史的长河中。

　　记得小时候，每当收获高粱和糜子的季节，大人们总要在收割前在地里转悠，挑选出穗筋长的高粱和糜子，单独扎成捆儿，拿回家吊在屋檐下晾干。所以从屋檐下是否备有笤帚件，就可以看出这家人是不是爱整洁。等下雨天或是大雪封山没法下地干活的时候，人们就解下屋檐下干好的笤帚件，忙活起来。

　　奶奶这时候总是乐呵呵的，总要给扎笤帚的爷爷做顿好吃的，生怕爷爷不用心，扎的笤帚用起来不顺手。爷爷一束一束地捋齐穗筋，用手掌搓掉谷物；一株一株地褪掉叶鞘，剔除有节的和较粗的秸秆。爷爷说："这样，扎的时候，绳子才能勒得更紧，扎出的笤帚把儿也不吃手。"

去籽之后，爷爷在笤帚件上洒些水，就去喝茶了。等笤帚件被濡湿得有柔性后，他就拿出准备好的工具开扎了。一条老皮带系在腰上，一根约一米长的精绳，一头拴在短棍中间，一头系在皮带上，一团麻绳，一把剪刀。抓起一束笤帚件，在穗筋处用连接了短棍的精绳绕上一圈，抻腿用双脚蹬住短棍两端，身子向后微仰，使精绳在这束笤帚件上勒出一道深陷的细槽，迅速以事先备好的麻绳在细槽处扎结。接着屈腿，剪断麻绳，用剪刀将麻绳的结头塞进成束的笤帚件里。再拿一束稍稍粗一些的笤帚件，分开扎好的第一束的穗筋下面，续接进去。再次用精绳勒槽，扎结。依次往复，每道扎结的绳子相距5厘米左右。越到后面，随着笤帚件越扎越多，整体的变粗，勒槽的时候使的劲儿也需要越来越大。如果太粗，为了便于手能握住，还要用剪刀将中间较粗的秸秆剪掉几根。扫炕用的笤帚，把儿不用太长，中间剪掉的就更多。等笤帚面有30厘米左右宽时，就不再续接了。扫地用的笤帚，把儿要长点，可以直接续接刚才剪下的秸秆进行扎结。最后将笤帚把儿修剪得光滑不磨手就完成了。

扫炕的糜子笤帚

扫地的高粱笤帚

　　奶奶在手里掂量着新笤帚，乐得合不拢嘴，像是收到了一份心爱的礼物一样。赶紧拿到平石板下压起来，就像是贵妇将心爱的首饰放进妆奁里一样。

　　家乡的老人们虽然大多不知道《朱子家训》，但确实是"黎明即起，洒扫庭除"。

　　手工扎的笤帚与现在机械制的相比，虽然有点丑陋，但是千百年来，它扫走的是污秽，带来的是清洁。随着社会的发展，手工扎成的笤帚走进了历史，但是先辈们自力更生的精神传承了下来。

（兰州市七里河区宋家沟小学　李光红）

📖 综合拓展

1.用家里的笤帚打扫地板，实践感受"黎明即起，洒扫庭除"的古训。

2.走进生活，寻找不同的清扫工具，说一说它们的模样和材质并完成下表。

清扫工具的名称	材质	简单的使用过程	比较不同工具	
			优势	不足

第 27 课　摽垛子

　　暑假开始了，家乡的小麦也成熟了。我们小孩子和大人们一起投入龙口夺食的激战中。麦田昼夜间裸露出黄褐色的泥土，黄澄澄的麦子被捆成捆儿，每21捆儿摽成一垛，星罗棋布地排列在麦田路口处，与褐色的土地相映成醉人的油画。

　　麦田里的垛儿小，摽法也简单。先聚集16捆立在地上，把穗头部用双手聚拢一下，形成底大头小的圆台状；再把4捆麦秆从扎结带下分散开来，穗头朝里盖在圆台上；最后把一捆的穗头朝下拿在手里，扒下麦秆，形成一个斗笠状，盖在最上面，把麦穗遮掩起来，防止冰雹和麻雀的肆虐。乡亲们把这样的小麦垛子形象地称为麦笼笼。

　　田里的麦子聚拢成的麦笼笼越多，人们的手上磨起的水泡也越多。但是乡亲们没有在乎的，他们有的抢种秋菜，好多收上一茬，增加点收入；有的趁着暑天犁起收割后的麦地，好让太阳晒死杂草，免得草籽散落在地里。等这些抢农时的活儿忙完后，地里的麦笼笼也已经风干好了，得赶紧运回麦场上。不然的话，麦笼笼就要成为田鼠的家了。路道方便的田地还方便些，用架子车或者农用三轮车很快就能运到麦场上了；路道狭窄而陡峭的田地，只能靠人力背了。大人们背着一个麦笼笼里立着的16捆，小孩背着麦笼笼上苫盖着的5捆，在自己汗滴的指引下，猫着腰一步步行走在小路上的场景，绝对是家乡秋收油画里最动人的画面。

　　成捆的麦子运到麦场上后，要摽成麦积山一样的垛子。因为还要侍弄其他庄稼，所以来不及打碾。可是在麦场上摽垛子，不是谁都敢干的活儿，不是把式，是不敢轻易出手的。一个麦垛，就是一家人一年的口粮。如果摽不好，遇上雨天，迸了水，不仅麦子发霉变质不能吃，就连麦草也不能喂骡马了，损失可就大了。

新手摞成的垛子

　　每当这几天，家家户户都会准备好吃的，招待摞垛子的把式和我们这些小孩子。把式除了摞好自家的麦捆，还要主动帮助邻里，好像这是他们义不容辞的责任。我们小孩子也是挨家帮忙，除了给大人们递麦捆外，主要就是为了天天吃到西瓜，虽然每天也弄得灰头土脸的，但是乐此不疲。摞垛子大致分三步走。首先是摞垛基。把式问清主家麦捆的数量后，在麦场边缘选择平坦且较高的地面做垛点，用黄蒿在地上铺成一个大小适中的圆形，既为了防鼠，又能隔潮。一般情况下，垛点是不能选在麦场中间的，要为碾场留出足够的场地。开始的时候，我们是派不上用场的，只能在旁边围观。只见把式抓起两捆麦子在铺有黄蒿草的圆心上，挤一挤，摇一摇，使它们稳稳地立在那儿。这样并排立起8捆后，在其外围再立8捆，只是这8捆比前面的8捆略向中心倾斜，穗头略低于前8捆，而且渐渐地收拢成圆形。每绕着圆心立一圈的麦捆，向圆心的倾斜度就越大，穗头也渐渐趋于平趴状态。以总数1000捆为例，垛基直径在3米左右的时候，沿着最外圈的边缘平铺一层麦捆，就形成了一个穗头朝里、麦秆朝外的圆台。接着，将麦捆由圆心起顺时针方向摞一层，再逆时针方向摞一层，这样不但麦捆之间相互牵制在一起，不至于滑落，而且垛基四周一样，不至于倾斜。用来摞垛基的麦捆，麦秆都是比较长的，而麦秆比较短的麦捆都被填压在垛基中心，把式管这叫"垫心"。每摞高一层，都是先垫高中心，再摞周围的。按把式的话说，每一层的麦穗都要比麦秆稍稍仰起，这样即使进水，也会顺着麦秆流出垛基。当摞至七八层后，把式站在地上已经够不着了，垛基已经大致是一个圆柱体的样子。这时大人们拿起事先准备好的棕绳，在这个庞大的圆柱周围紧紧地箍上一圈，再拿起铁锨向里拍打，使垛基的圆柱弧面上不要突出麦捆。接着，把式就可以登上圆柱形的麦墩，继续向上摞高几层，再箍上一道绳子。当麦捆用去将近一半的时候，垛基就算成功了。

垛基成型后，就要摞垛身了。离垛基最近的麦捆已经用光，也就是我们上场的时候了。一个个从主家指定的麦捆堆上，将沉甸甸的麦捆一捆捆地搬到垛基下，个头高一些的哥哥们，还时不时地从叔伯手中接过木叉，叉起麦捆，举过头顶，递给垛基上的把式。满场的大人们没有一个板着脸的，不知是因为丰收的喜悦，还是因为我们此刻的表现，反正我们没有一个挨批的。虽然累得满头大汗，可一想到随后有西瓜吃，就什么也不顾了。

最能体现把式摞垛技术的就是摞垛身。先把麦捆沿垛基上面的外檐平铺上一圈，但是麦捆的麦秆要向外伸出一拃左右，把式管这叫"出檐子"。接着再将麦捆一圈一圈地摞起来，每摞一圈，麦捆都要向里收进去半拃左右；每摞一圈，上面都得在麦捆的扎结处平压一层。同时要不断地"垫心"，始终使麦捆的穗头向上仰着，而且越到最后仰得越高。直到垛顶像圆锥一样尖耸起来。只要把式的技术好，麦捆也就所剩无几了。

每当这时候，就要给麦垛戴帽子了。不知啥时候，把式的徒弟已经把麦秆最长的两捆搓掉了麦粒，淋上了水。等麦秆有了韧性后，重新在穗颈下面扎结好，将顶端的穗颈编织成一个个好看的小疙瘩。这捆麦秆被分散成伞状戴上垛顶，为了防止被风吹走，再从顶端插入一根一米来长的木棍，一个圆柱和圆锥组合而成的垛子就算摞成了。

把式摞成形的大麦垛

把式不同，摞好的麦垛形状也不同，有的麦垛成形后，下面像是一个倒放的圆台，上面是一个圆锥，整体看起来像一个庞大的线锤。爷爷说，摞这样的垛子更难，但是更适合积水的麦场，下面占地小，沾水的麦捆就少。

把式从麦垛上下来，主家切好的两盆西瓜也就端上来了，摆在了邻家麦垛的背阴处。可是把式还拿着木叉，围着麦垛自上而下地清理着散落的麦秆，就像一位艺术家在最后审视自己的作品一样，那自豪的神情像是在故意馋我们一样。

"让孩子们先吃！"把式的这句话，就像是庆功的锣声一样，总是激起我们的尖叫声。但是我们中间总有一个，要拿起一块西瓜，送到把式叔伯的嘴边……

麦垛把麦场围起来的时候，我们就多了一处捉迷藏的场地。

（兰州市七里河区蒋家湾小学　黄得龙）

📖 综合拓展

1. 利用暑假走进农村，看一看农民伯伯是怎样摞垛子的，感兴趣的话，你也可以试一试。

2. 走进农家问一问农民伯伯为什么要摞垛子。

3. 画一画你所看到的摞垛子的场景，体会农民伯伯丰收的喜悦。

第 **4** 章　家乡的绝活

第 28 课　碾　场

　　秋老虎快来的季节，乡亲们抓住雷雨后的湿润，犁起麦场中间敞亮的地方，用耙子平整好，再套上骡马，拉上碌碡（liùzhou）把场面碾压瓷实，等干爽后，再用扫把清扫一遍，麦场就像镜子一样了。爷爷管这叫净场。如果场面既没有长出杂草，又没有老鼠洞，只需清扫一遍就可以了。场净得好，麦子碾得干净，麦衣脱得彻底，而且杂质也少。

打麦场

　　净场的时候，大家已经商量好了谁家先碾。查好天气预报，确定明天是晴天后，大人们就打发我们做信使，给各家各户传话：我家明天碾场。这天晚上，奶奶和母亲睡得很晚，她们要准备明天大伙的午餐。

　　睡到半夜，我们往往被场上的吆喝声吵醒。等我赶到场上的时候，庞大的麦垛已被拆开一个豁口——摊场开始了。麦场中心立起了一个麦捆，但是中间的扎结带已被解除。在朦胧的月光下，男女老幼齐上阵。小孩子只能传递麦捆，是不允许摊场的。因为摊场是很讲究的，麦捆的扎结带必须解开，而且要把这个扎结带放在场面上，再把手中的麦束散开，穗头朝场心铺在地上。否则扎结带容易缠绕在碌碡木脐上，影响碌碡的滚动。麦束要摊得薄厚均匀，太薄了，容易把土碾起来；太厚了，碌碡滚不起来。大人们不急不慢，一边估算能碾出几麻袋麦子，一边拆解手里的麦捆。只有我们，奔跑着，喊叫着，似乎在干着一件惊天动地的大事；只要不下手摊场，就不会挨批。麦垛一点一点地变小，场心的麦束圈渐渐地铺展开来。东方出现鱼肚白的时候，麦垛在场上变成了一个大圆饼。

畜力碾场

摊场结束了，帮忙的乡亲们要么回自家，要么被主家叫去，该吃早饭了。麦场上暂时恢复了宁静。

太阳从山头探出脑袋的时候，大人们又陆陆续续来到了场上。一般都是拉着骡子的叔伯们先到。从骡子的肚子可以看出，它们今天早上也吃了一顿加了精料的早餐。叔伯们把场边上的碌碡滚过来，拴好套绳，一头骡子拉一架碌碡。刚进场的时候，一人牵着一头骡子，等骡子适应了，长长的缰绳就由一个人牵着。调皮的骡子眼睛被蒙上了，馋嘴的骡子还被戴上了半球状的铁丝嘴笼。随着手执缰绳的人将手中的长鞭在空中甩出爆竹般的炸响，骡子们一前一后地拉着碌碡，在铺成大圆饼的麦束上，以逆时针方向快速走动起来。碌碡在麦束上翻滚，麦粒在不断地脱落，麦秆变成了柔软的麦草。

场面上渐渐地反射起亮光来，麦秆上的泥土、朽叶、麦粒也渐渐沉到地面。骡子被叫停了脚步，人们开始抖场了。用木叉挑起地上的麦草，抛起来，由下往上再拍几下，抖落裹在麦草中的尘土和麦粒，同时也把底层的麦秆翻到上面来。顷刻间，尘土飞扬，就像起了沙尘暴一样。但是没有一个人退缩，只有我们小孩子躲得远远的，那滋味可真不好受。

第 **4** 章 家乡的绝活

105

接下来，骡子又拉着碌碡开始转圈了。抖完场的人开始坐在别的麦垛下，赞叹起场中间赶碌碡的人的技术，碌碡一圈挨着一圈，麦穗脱粒很均匀。到赶骡子的人第二次停下的时候，抖场就没有第一次那么呛了，抖场的人也轻松了许多。第三次抖场时，边抖边将麦草堆起来，再用木叉挑运到搭草垛的地方，已经有人在那儿搭草垛底了。

机械碾场

在大伙儿热火朝天的劳动中，浅黄色的麦草一层层地减少，混在泥土和麦衣中的麦粒渐渐浮现出来。骡子也只留下了一头，它慢悠悠地拉着碌碡转上一两圈后，也就回家休息了。

畜力碾场的时代一去不复返了，现在已经由农用车带动碌碡碾场了。但是因其速度快，在碾场的时候，更不让小孩靠近了，免得碌碡脱缰伤人。

抖场结束了，大家开始起场。有的拿起木锨，有的拿起扫把，有的拿起推板（也就是一个长方形板子中间钉了长把子的家伙）分别把满场的麦粒和麦衣的混合物聚集在起风方向的两边。麦场中心被新扫把扫得干干净净。

拖拉机还没有普及的时候，也没有机械风扇，要想把混在麦粒中的尘土和麦衣分离开来，只能等傍晚起风的时候，才开始扬场。如果没有风，也不打紧，趁这个时间，有的加点餐休息一会儿，有的帮着主家搭好草垛。如果一旦起风，什么都得先放下，赶紧扬场。不管怎样，天黑前，必须把麦子拉回家，这是场上每个人的共同心愿。

从抖场开始就到别处野去的我们，一看到麦场扬起了尘土，就开始往家跑，帮着把架子车和装麦子的麻袋拉到场上。

抖场

扬场是需要点技术的，一个村里，扬得好的没几个人。聚起的麦堆两侧，站着手握木锨的把式，年轻的把式先不动，等年老的把式先扬第一锨，试好风，才会跟着他扬起来。在不懂行的人看起来，扬场很简单，无非就是用木锨抄起麦堆上的混合物，逆风抛撒在空中。可懂行的人瞅一眼，就知道谁是把式，谁是外行。行家把式扬场，手中的木锨抄起的麦粒混合物，不多不少；在上扬的刹那间，一手从木锨把端向下压，一手从木锨把中间向上挑；逆着风向翻锨的时候，还要带点劲儿向上送一下。这样抛撒出去的混合物是竖着散开的，不但下落的麦粒是定点的，飞出去的麦衣和尘土也是有方向的。其次，扬场的速度也是不一的：风力大，扬的速度快；风力小，扬一锨，就停顿一下。等头戴草帽，手握新竹扫把的奶奶，猫着腰挥动扫把，在落地的麦粒上轻轻掠过，将还包着麦衣的颗粒拢到一边，再用力贴地一攒，场地中间就会瞬间隆起一个红艳艳的麦堆来。旁边年轻的婶子们一边艳羡地看着，一边尝试着奶奶的动作。若有哪个婶子的动作顺手了，奶奶就把她让到中间，自己悄悄向后退，去收纳飞溅出去的麦粒。若风力给劲，扬场把式脚边混合堆变小的同时，场中间的红色麦堆会飞快地变大。如果时间允许，风力也好，扬场的把式就会再戗（qiāng）一次风。即将已经比较干净的麦粒再扬一遍，好让风吹净麦粒中的尘土，当然，动作就要比第一次扬的时候轻柔多了。每当这时候，主家都会过来感谢一番。

扬场的木锨　　　　　　　　　扬　场

　　在大家准备装袋的时候，我们小孩子就派上用场了，有的在撑袋口，有的替家长给叔伯端茶递水，只有最小的弟弟妹妹才会在旁边柔软的麦衣上面打滚、嬉闹。

　　回想家乡碾场场景的瞬间，我突然间明白了一个以前不理解的现象：老人们吃馍的时候，若有渣掉到地上，总是会捡起来，吹一下又送进嘴里，绝对不会扔掉。也许只有他们，才真正懂得什么是"粒粒皆辛苦"。

（兰州市七里河区宋家沟小学　李光红）

📖 综合拓展

1. 利用暑假走进农村，看一看农民伯伯是怎样碾场的。

2. 说一说碾完场农民伯伯又干了什么。尝试着和农民伯伯一起做一做。

3. 把你这次的经历写一写，并在组内交流自己的感受。

第 29 课　打胡基

　　如果你登上过家乡东西两边的山顶，一定会注意到乡政府所在的王官营村里，砖混结构的小楼已是鳞次栉比，连院墙都是红砖砌成的了，俨然一副城镇气派。而在我小时候的记忆里，每个村落都是矮小的土坯房、土灶台和土炕，可以说家家户户的房子都是土坯建成的。土坯，是城里人的叫法，乡亲们把土坯叫作胡基，制作过程叫作打胡基。这是家乡流传的古老传统工艺之一，但在日新月异的今天已经濒临失传。

　　胡基的历史有多久，已经无从考证。据村里的老人讲，是祖师爷鲁班传授给先民们，用来解决百姓基建困难的。因为从前煤炭奇缺，烧砖很不容易，所以貌似丑陋的胡基就成了人们基建的必备材料。只要谁家的壮汉开始打胡基，就意味着他们家要建新房了。

　　打胡基虽说是一门工艺，但是所需工具很简陋，一块一平方米大小的青石板，一副木制的胡基模具，一把石质的杵头。所需的原材料是家乡取之不尽的黄土。

打胡基模具和石杵头

　　胡基模具，估计现在许多孩子都不认识。模具的长边大都是由质地坚硬的榆木做的，不易变形。宽边一头的挡板和挡杆是揳死的，一头的挡板和挡杆是活的。中间是一个长方体的空间，长约40厘米，宽约24厘米，厚约12厘米，用来盛土。

　　杵头是用石头打制的，有方形的，也有半球形的，直径大都在15厘米左右。上面正中间凿有一个洞，揳进约一米长的木杆当把子，使把子和石杵浑然一体。为抓取方便，更为了捶打时给力，把子顶端都安装了一个横杆。

　　这些工具看似简单，要想熟练地驾驭它们，打出一块棱角分明而质地结实的胡基，却要掌握相应的技术。按师傅们的话说，有"选、拌、打、码"四字诀，哪一诀操作欠了火候，都不是一个打胡基的好手。

　　选，就是选时间、选地点、选泥土。打胡基先要选择几天晴朗的好日子，好让打好的胡基早点风干。如果时间不当，胡基刚打好，遇到几天连阴雨，就全泡汤了。其次，要选好地点。既要取土方便，通风向阳，又要有码胡基的场地。胡基码子距放模子的石板远了，来回多跑路，费体力，费时间，影响速度；近了，摞不了几垛，又得平场子，挪石板，误工误时。最要紧的是所选地点的土质要黏性好，而且干净，不能含有任何杂质，这样的土打出的胡基才结实耐用。

　　拌，指的是要讲究土的湿度。不能干，干了黏结不好，不结实；不能过湿，湿了形状不正，也摞不起来。湿度拿捏得好不好，是确保胡基硬度的必备条件之一。好胡基，即使从施工架上掉下来，也摔不破。所以在铁锨翻松料土的时候，多是一边向其中溜水，一边用铁锹翻、拍，既要土质绵细而不含土块，又要干湿适度。行家只要抓一把土使劲一攥，伸开手就能看出土的湿度合不合适。

打，不仅仅是出力气，还要有一定的技巧。在青石板上放好模子，填进三锹黄土，使土在模子上面高高隆起。顺手把铁锹在旁边一插的当儿，跃上模子，双手握住杵头横杆把子，身子前倾，先用左脚脚后跟使劲踩实模子左下角的土，再用右脚脚后跟踩实模子右下角的土。要眼尖脚快，下脚准而稳，不然踩在模子框上，可有你好受的。接着踩实模子前面的两个角。这四脚一气呵成后，在换气的当儿，用脚尖把两侧的土向中间收拢起来，朝中间重重地踩上一脚，土就折服了。然后双脚后挪，踩在模子后方两侧的木框上，提起杵头，从模子框内由前向后依次杵三个窝点，每个窝点杵三下。每个窝点的第一杵头是不用太大的劲的，主要目的是用杵头确定位置，找准平衡点和着力点就行，后两杵头才是用力下杵的。模子上面出现三个杵窝的时候，杵头和人也在模子的后方了。砸完这九杵头后，再从后方依次在杵窝的空隙间杵一下，力道要轻一些，共有八个空隙，也就是杵八下。最后将杵头放回刚提起的地方，加上这一下，刚好十八杵头。这时胡基已基本成型了，但上面坑洼不平，还需要用脚来拾掇一下。抬起左脚，由前向后在模面上一抹，踩一脚，再换右脚，一抹一踩，和前面的五脚共计九脚。所有这些动作一气呵成，完成了"一模三锹土，九脚十八杵"的工序后，一块有棱有角的胡基便成型了。只要按住模具两侧，左右摆动一下，使模具脱离石板，以免黏土。退下模具的活动挡杆，用平整的一侧从前到后刮去上面略显凸起的土，轻轻敲击一下左右两侧，使模具长边脱离胡基；再按住模具的长边端头，向两边掰开模子，向前一推，模具就彻底脱离开来，一块胡基就出模了。这时就可以看出是不是行家了。如果棱角缺失，面儿不齐整，不是土的湿度把握不当，就是下杵的力量不足。打胡基是重体力活，一个壮汉子一天最多也就打三百来块。干这活的行家，都是老实人，来不得半点假。

这些看似简单的工序，在行家出手的时候，像一个舞蹈演员一样，一招一式，准确而轻巧，脚不走空步子；依序推进，稳健而潇洒，手不做空动作。可真是干净利落，浑然天成。

码，是把成型的胡基从石板上扳起，在平整好的场地上摞成墙，以便晾干。这是打胡基的最后一道程序。所选的场地要地势稍高点，使水浸不到，踏实拍平，两头略高一点，这样的胡基摞子不易倒塌。

一块块胡基码放的时候，是很讲究方法的。行家们说："会打不会摞，不如静静坐。"第一层码放的时候，长边都是一个方向，每一块都要放稳；第二层码放时，开头和结尾四块，长边就要换个方向码放，压住下面的胡基，中间的每一块都是跨在下层两块的缝隙上；第三层又和第一层一样码放，以此类推……这样码放起来的胡基，就是一堵被重力勾连起来的墙。

别小看了这有点丑陋的胡基，它可是先辈们用来盖房、盘炕、砌炉灶的建筑材料。用胡基盖房子，除了价廉物美外，还冬暖夏凉。最可贵的是，在打胡基的过程中，先辈们锤炼成的敦厚朴实的品格，至今还滋润着我们。

码放好的胡基

（兰州市七里河区宋家沟小学　李光红）

综合拓展

1. 了解打胡基的方法，尝试做一块属于自己的胡基。

2. 走进乡村找一找现存的土坯房，观察它的特点，通过不同的途径了解胡基与砖的制作方法有何异同，并完成下表。

名称	材料	优势	不足	使用范围
胡基				
砖				

第5章 家乡的农具

从耕种的犁和耧，到锄草的锄头、铲子，再到脱粒的连枷和簸箕；从平整土地的耱、耙子，到运输用的挑担、架子车，都是先辈们在繁重农活中的创新结晶。虽然在目前看来，有的已经落伍几近淘汰，但是其中的每一样都是先辈们立足现实，不断探索创新的成果。

孩子们，让我们走进田间地头，用用农具，干干农活，体验劳动带来的快乐，学习先辈们的创新精神。

第 30 课　耧

各村的年轻人都进城务工了，家乡稀有的水浇地也渐渐长满了荒草，整个山川都陷入了原始的宁静。

每当春播时节，已近垂暮之年的爷爷，总会焕发出大地歌者的精神头，从农具储藏室里请出他钟爱的特有乐器——耧，要么擦拭着生锈的耧铧，好像乐师擦拭乐器；要么双手握着耧柄摇一摇，就像乐师在调试琴弦，总是一副爱不释手的模样。每当这个时候，我想爷爷的耳畔，一定是耧锤"咔嗒、咔嗒、咔嗒"响彻家乡每块梯田的美妙节奏。

耧锤

耧

如果有机会看到竞相吐绿的麦苗，一溜儿一溜儿的，像操场上的队列一样整齐。不由你不产生疑问：在春播的时候，是怎样的一种装置，能帮助乡亲们这么快地播种？它就是古老的播种机——耧！

耧 斗

耧其实就是一种畜力条播机，也叫耧车，由耧架、耧斗、耧腿、耧铧、辕条几部分构成。

耧架上的横柄，是播种的人用来握住驾驶耧车的。耧斗分两格，大格用来盛粉末状的肥料，小格用来盛种子。耧斗下方悬挂着一个拳头大小的木质耧锤，它主要用来打散下行的种子和肥料，使其均匀播撒。耧腿下半部和耧斗相通，中间是空的，直到耧铧背后。耧铧的主要功能是破土，在田地里犁开播种的沟槽。辕条的功能是用来束缚和引导牲口的。耧车在牲口的牵引下，快速前行，驾驶耧车的人双臂悬空，一边左右摇动，一边快步行走，种子和肥料就会均匀地从耧铧后面落到犁开的沟槽里，完成下种和施肥。

家乡的耧是两腿耧车。不要小看这个看似简单的畜力条播机，它可是为先辈们解决了很多难题。在耧车使用之前，人们是用手工点播下种的。下种因人而异，不均匀不说，而且又累又慢。有了耧以后，除了可以快速地抢墒（shāng）之外，还可以很好地控制下种的均匀度。家乡的农谚说得好，"稠田看好看，稀田吃饱饭"。下种太稠，因为肥料跟不上，颗粒不饱满；下种太稀，造成土地浪费，产量跟不上。一般薄田以12千克为准，肥田以15千克为上。耧的另一大优势

耧锤

是：耧腿之间的固定距离，使秧苗的行距宽窄合理，便于锄草。

记得刚改革开放的时候，人们干劲十足。冬天里，家家户户就已经在打麦场上晒干农家肥，打磨成粉末，用铁筛过滤后运到地里。春播一开始，全家老幼齐上阵。

爷爷们都是摇耧的好把式。调好耧斗内壁上的种子闸板和肥料闸板，美美地抽上一袋旱烟后，就会驾驶着心爱的耧车，在家乡的山梁上、沟壑里，摇响耧车这个春天里的主乐器。耧锤撞击耧斗的咔嗒声，牲口脖子上的铃铛声，小伙子们边跑边把肥料加进耧斗的沙沙声，妇女们举起木榔头打碎土块的噗噗声，牲口行走中偶尔的响鼻声，就会交织在一起，构成家乡春天里特有的乐章。

孩子们也会跟着耧车跑。年龄较小的，好奇耧斗里下行的种子，是从哪儿出来落在犁沟里的；年龄稍大的，端着铲满肥料的小簸箕，想尝试一下加肥的紧张。可招来的总是笑着的呵斥声，怕他们的捣乱，使耧车停下来。为了播种均匀，耧车是不会随便停下的，除非是耧斗的孔眼堵塞，或者是摇耧的爷爷想歇会儿。即使这样，大人们也不会把孩子们撵走，因为播种的最后一道工序耱地，是需要孩子们来踩耱的。当他们踩在耱上，双手拉着骡子尾巴，向后微仰着身子，在广阔在田地里滑动时，小脸上总会露出幸福的微笑。

骡马拉着耧播种

　　耧虽然渐渐退出了春天的舞台，但是我们应该记住它的咔嗒声，就像记住奶奶的催眠曲一样。

（兰州市七里河区宋家沟小学　李光红）

资料袋

耧车的发明

　　我国古代在机械方面有许多发明创造，在畜力的利用和机械结构的设计上都有自己的特色。我们的祖先在两千五百多年以前，就已经用牛、马来拉车了，也就是说，畜力已被利用到农业生产方面。

　　耧车，就是现代播种机的始祖。从我国出土的小型的铁耧铧来看，大约在公元前2世纪，中华大地上就出现了耧车的雏形。

　　汉武帝的时候，一位叫作赵过的政府官员，为了鼓励农业生产，经常在田间行走。他是一个细心的人，更是一个爱思考的人。在他的不断尝试下，发明了能同时播种三行的三脚耧。只要一个人在前面牵牛拉着耧车，后面再有一个人扶着耧车，就能同时播种三行，播种效率大大提高。公元前85年，汉武帝下令推广，对当时的农业生产起到了一定的推动作用。

1.通过学习和阅读，请你指着插图说出耧车各部分的名称。

2.小组合作，探究耧车各部分的功能及作用。

3.走进农村实地查看一下骡马是怎样带动耧车工作的。

第**5**章 家乡的农具

第 31 课　犁

　　每年收完麦子之后，最紧急的农活就是犁地。一来，犁松土地，让泥土在烈日的暴晒下变得疏松，方便来年播种；二来，犁翻土地，晒死快要结籽的杂草，免得草籽熟了落在地里。因为我们的土地多是坡度较大的山地，所以我们的父辈很少使用现代化的旋耕机，耕地用的还是传统的农具。

木　犁

　　我们耕地的工具——犁，乡亲们叫"桄子"或"老桄子"，是一种古老的耕地农具，主要由桄头、铧、桄辕、桄键四部分组成。桄头是由一头粗一头细的木料加工而成的。粗的一头向上微弯，顶端加工成一个三角的箭头模样的犁头，铧就装在犁头上面，来增强犁头的破土能力；细的一头是直的，有手腕那么粗，离顶端一拃处，被穿了一根20厘米左右的横杆，用来做扶手。在犁头大约30厘米处，凿有一个方孔，安装了桄辕。桄辕像一个倒扣的对号，一头被加工成方的，一头是圆柱状的。在桄辕靠近顶角处和桄头的方孔上面，都凿有一个浅孔，安装了一截擀面杖粗细的桄键，使桄头、桄辕、桄键围成一个三角形，用来保证桄子的稳定形状。这个古老装置的成形，是先辈们在漫长的劳动实践中不断改革创新的结果。

远古时期，人们用石头磨出"犁头"，绑在木棍上，在木棍中间拴上绳子做牵引，就是原始的"石犁"。直到春秋战国时期，由于冶铁技术的发展，人们把"犁头"换成了铁质的。铁犁犁头锋利，大大提高了耕地的效率，促进了农业的发展。魏晋南北朝时期，直辕犁结构已经广泛应用。隋唐时期，人们已经把直辕犁改成了曲辕犁。不但牛拉犁拉得轻松，而且耕地的深浅也能更好地把握。曲辕犁的出现，标志着我国耕犁的发展趋于成熟，在结构上基本定型，成为我国耕犁的主流犁型，一直沿用至今。

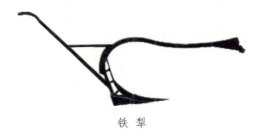

铁　犁

随着工业的发展，人们又经过改造，制造了"转头犁"。即铁制犁铧是侧立的，后面还接了一块挡土板，曲辕部分也是铁制的，只有犁的躯干部分是木头的，而且犁头可以左右调制。这种能转头的犁，不但吃土深，而且可以将犁起的土翻向同一侧。

歇息的骡子和犁

这两种类型的犁，牲口是怎样带动的呢？只要在桄辕的前端安装一根长50厘米左右的横杆，横杆的两端各拴一条绳子当作拉绳，拉绳的另外两端连接在牲口脖子的夹板上，驱赶着牲口向前，就可以带动犁铧破土前行。为了引导牲口前进的方向，在牲口的嚼子两侧再各拴一条绳子，连接在犁的扶手上，乡亲们管这两根绳子叫撇绳子。只要收紧右边的撇绳，牲口就向右拐；收紧左边的撇绳，牲口就向左拐，不必再要一个人在前面专门牵牲口了。

不要以为犁地的时候，只是牲口出力，人不出力。犁地对人来说并不是一件轻松的活儿，往往也累得满头大汗。犁头前行的时候，人不但躬身向前，关注犁铧的破土情况，而且双手紧握扶手，保证犁铧不向两边翻倒。有经验的人还不时踩碎犁起的大土块。几个来回下来，也是腰酸背痛得直不起腰来。

记得在上村小学的时候，每当我从教室的玻璃窗看到对面山梁上犁地的父亲，一边吆喝着黑骡子前行，一边撩起衣襟擦汗的情景，我的眼睛总会湿润起来。如今，有时候回家，还能看到两鬓斑白的父亲擦拭着锈迹斑斑的犁铧时那一脸陶醉的样子，也渐渐地觉得，犁——是那么亲切而可爱的一件农具。

（兰州市七里河区宋家沟小学　李光红）

综合拓展

1. 通过本文的学习和实地观察，感受一下犁铧为什么设计成三角形。
2. 用你身边的材料尝试制作一件微型的犁。

第 32 课　耱（mò）

　　暑天犁开的麦茬地，暴晒几天后，要用耱平整一遍，才犁下一次。犁起来的土块，如果不经耱齿切碎，又埋到土里，就会影响来年种子的发芽。乡亲们管这个平整过程叫耱地。秋后犁开的地，更要及时耱平，好用来保墒。"三犁四耱，庄稼成垛"，从这句农谚可见耱地对于庄稼的重要性。

　　耱是平整土地的重要工具，大多是由乡亲们自己编织的。首先用两米长的三根木棍做耱骨，所选木棍的硬度、韧性要好之外，还要粗细均匀。其次用三根约半米长的榆木方条做耱鋬（pàn），在每根耱鋬打上三个等距的孔，粗细和耱骨相当。接着将耱骨分别穿在耱鋬上的三个孔里，构成一个扁扁的"甲"字形。因为中间的耱鋬比两侧的较长，多出来的那一部分耱鋬正好做把手。最后选取指头粗细的灌木藤条，截成一米左右的小段做耱齿。如果藤条是干的，将中间部分在沸水中煮一煮；如果是湿的，要把中间部分拧一拧，增强藤条的韧性。然后将藤条以"U"字形卡在耱骨的一侧上，两端分别在另两条耱骨上绕出来。当耱鋬与耱骨间的空当被藤条密织起来后，一个近似长方形的耱就成型了。

耱

第 **5** 章　家乡的农具

刚编好的耱是不能直接使用的，还要做一些修整。首先，要把耱齿削尖，这样牲畜拉着前行时省力，又可以增强耱齿切割土块的能力。其次，编制的新耱要放在房间里晾干，不能在太阳下暴晒，不平整的地方还要压上一块石板，使耱面在一个平面上。这样的耱不但经久耐用，而且耱出的地像用梳子梳过一样，既平整又美观。

耱不但是大人们的劳动工具，也是我们小孩子的娱乐玩具。难得的雨后，是耱地的好机会，只要看见父亲背着耱出门，我和姐姐就追着去了。空气中弥漫着泥土的清香，牲口接二连三地打着响鼻，我和姐姐也感到舒爽无比。

耱一般由牲口拉动。因为耱本身比较轻，如果不在耱上面放上重物，耱齿就切不碎大土块。但如果放在耱上的物体过重，耱就会推起土浪，不但影响平整度，而且牲口也拉不动。这时候我和姐姐就有了用武之地，因为我俩的分量压耱最合适。父亲让我或姐姐趴在耱上面，由牲口拉动，来来回回地在田地里走，直到将所有的地都耱平整。这时的我感觉像开飞机一样高兴，时不时地手舞足蹈，总会招来父亲"抓好，不要闹，别掉下来，小心耱齿"的唠叨。虽然父亲一次次地叮嘱，但我们还是玩我们的。即使有时候从耱上滚下来，急得父亲赶紧问扎着了没有，我们却满不在乎，转身继续趴在耱上，总觉得父亲大惊小怪的。

后来长大了些，我和姐姐都不愿趴了，觉得难为情，就改为蹲或者站在耱上，身子稍稍向后仰着，双手拽着牲口的尾巴。这种姿势就不好玩了，牲口停下的时候要注意，不然就会因为惯性的作用，趴到牲口的屁股上。而且双脚踩耱时要注意两端的平衡，否则受力不均匀，耱地效果就大打折扣了。好在那时父亲也不强求我们趴耱了。等我和姐姐先后上了大学后，有一段时间，觉得踩耱也是很丢人的，就再也没有去过，父亲只好在编织袋里装上土来压耱。

如今，地还是原来的地，耱还是原来的耱。当两鬓斑白的父亲牵着骡子拉着耱的身影穿行在田野里的时候，我总是泪眼婆娑……

（兰州市七里河区王官营小学　郭万钱）

1.通过学习和阅读，你发现耱的作用是什么呢？

2.结合文中的叙述和图片，利用身边的废旧物品，自己试着做一做、编一编耱具。

3.想一想生活中还有哪些物品跟耱具有相同的作用。

第33课 耙子

　　每年的春播开始后，为保持土壤的湿度，好让种子尽快地发芽，耱平耧铧犁起的黄土，是必做的最后一道工序。但是用耱平整，也有局限：一是必须有骡马拉耱，二是土地不能太小或者太陡。同时具备这两个条件，耱才能发挥最大作用。家乡的部分梯田既小又陡，不适合用耱。这时候，耙子就派上了大用场。

耙 子

　　说起耙子，如果最先想到的是猪八戒的神器"九齿钉耙"，也是不足为奇的，因为耙子已经渐渐从家乡消失。其实，整地的耙子和猪八戒的神器很像，也是由两部分组成——耙头和耙柄。早先的耙头，是在一尺左右长的木棒上安装十来根一拃长的钉齿，间距两三厘米宽，两头和中间还用铁皮打了箍，防止棒子开裂。在这个棒子中间，还装有一个铁质的圆筒，用来装耙柄，耙柄多为粗细均匀约两米长的木棍。为了增强钉齿与地面的咬合度，一般要从把柄一侧敲击钉齿，使它们稍稍呈现一些弯度，这样的钉齿耙用起来才更顺手。随着时代的发展，耙头全部换成了铁制的，也更灵巧耐用了。

　　记得刚实行包产到户的时候，好多人家还买不起骡马，耱平土地的时候就靠人力用耙子耙平。右手握住耙柄的末端，左手抓住耙柄的三分之一处，来回拉动：拉的时候，将地里高处的土拉到低处；推的时候，将脚下多余的土推到低处，还要用钉齿上面的棒子砸碎较大的土块，使覆盖种子的黄土更加绵软。这简单的一拉、一推、一砸，试玩两下，是很有趣的。若是耙完一块地，腰就酸痛得直不起来了。耙地是很累人的活儿。

除了耙地的钉齿耙外，它还有两位兄弟——圆盘耙和门齿耙。

圆盘耙，是以一个圆盘为底板，在圆盘上安装许多耙片。耙片刃口同地面垂直，并与牵引方向有一个可调节的偏角。工作时在人力或者畜力的牵引下，耙片刃口碎土的时候，不仅可以切断草根和作物残茬，而且能把地表的肥料、农药等与土壤混合起来。这个农具普遍用于播种后的盖种或破除土壤板结硬皮的作业，也可用于收获后的浅耕灭茬。

门齿耙，耙子的钉齿少，大部分是两根，个别也有三根的。因为像汉字的"门"，因此叫作门齿耙。这种耙子主要用来和（huó）草茎泥。在20世纪80年代前，家乡的山区，盖房很少用砖瓦水泥，多用胡基砌墙。粉刷胡基墙，就用铡草和黄土搅拌成的泥。这种草茎泥和起来十分费力，麦草与泥混在一起，用铁锨锄头很难翻动。这时门齿耙就有了用武之地，因为钉齿少，拉动的泥也较少，反复拉动后麦草和泥就搅拌均匀了，抹在墙上非常牢固，使用起来也不比水泥差。

对于乡亲们来说，耙子就像生活中的一把梳子，用它梳走生产中的艰难与困惑的同时，也梳来了丰收与希望。

（兰州市七里河区兰工坪小学　郭培平）

综合拓展

1. 猪八戒的耙子是用来降魔除妖的，文中的耙子是干什么的？

2. 与耱的作用进行对比，完成下面的表格。

名称	相同点	不同点
耱		
耙子		

第 34 课 锄 头

"锄禾日当午，汗滴禾下土。谁知盘中餐，粒粒皆辛苦。"唐朝李绅这首《悯农》诗，从小就在老师的引导下读过，以体会每一粒粮食的来之不易。但是"晨兴理荒秽，带月荷锄归"的农民形象，今天却渐渐变得模糊了。尤其是那锄草用的锄头，千百年来，怕是没有像今天这样让家乡的孩子们陌生过。

锄头，在家乡的用途不同，叫法也略有不同。锄草的叫锄头，挖土的叫镢头。不管叫啥，它都是由锄刃和锄把两部分组成。锄刃是铁制的倒着的"U"字形，一侧口大，一侧口小，小口的一侧锄刃上隆起一道，乡亲们叫锄头的鼻梁骨。刃面有宽的有窄的，刃口有圆的有方的。"U"字形顶端焊接了一个圆筒，约5厘米长，锄把是长一米左右的木棍，粗细均匀，一头穿入锄刃圆筒时，要打入楔子；不均匀的，要把锄刃装在粗的一端。刃面窄而长，刃口圆的多用来锄草和种菜；刃面宽而短，刃口方的多用来挖土豆等。

挖地的方嘴锄

锄地的尖嘴锄

除草的宽嘴锄

锄头不仅构造简单，使用起来也不难。双手一前一后握住锄柄，前手距离锄头的头部占整个把柄的三分之二的地方，后手距离长柄尾部20厘米的地方就可以，一般不要攥到最末端，用起力来不舒服。按照"一抬，二挖，三拉"的要领操作就可以了。前手抬，后手摁，把锄头抬高至自己的头顶，用力向目的地挖下去，再用力将锄柄拉向自己，土地就变得松软了。两只手的力气要同时同步进行，不是各自用各自的。只不过锄草时下锄浅，拉得长；锄地时下锄深，拉得猛一些。具体操作起来，还得有经验。

锄头锄草虽然速度快，想要锄好可不简单。下锄的力量小了，锄刃只能挖在地表上，杂草很难连根挖起；下锄用力大了，锄刃入土过深，又会伤害到农作物。会锄的人，不但速度快，而且草锄得也干净；不会锄的人，除了速度慢之外，还会挖断很多秧苗。由此看来，即使简单的锄地，也是来不得半点纸上谈兵的。

长大以后，懂得了锄头使用的就是物理学中的"杠杆原理"。人们能否轻松地锄草，就是看是否将科学道理运用于劳动当中。只要在实践中多动脑筋，简单的事情也可以做得精彩纷呈。

记得刚实行包产到户的时候，家里最早置办的农具就是两把锄头，一把轻些，一把重些。这是父亲把攒了三年的麦草卖了后，狠下心买的。当时只有锄刃，锄把是父亲自己安装的。一家人可稀罕了，谁提起来都要比画比画。好几个午后，父亲拿石头打磨锄刃，直到锄刃发出耀眼的亮光。那情景比现在擦拭自己心爱的汽车要带劲多了。后来，较轻的那把锄头，在开荒挖石头时，由于用力过猛，锄刀硬生生地给掰断了。现在家里只剩下那把体型较大、分量较重的锄头了，但是锄刃变短了些，按父亲的话说："这个锄头老了！"父亲的话让我的心里酸酸的。锄头老了，父亲也两鬓斑白了，原来挺拔的身板也有些佝偻，再没有掰断锄头的力气了。

这把锄头一直在老家保存着，它是我们家甩掉贫困的见证者，也是父母血汗的记录簿。看到它，父亲一大早就扛着锄头出门的背影，就会浮现在我的脑海里。

（兰州市城关区西北新村小学　邹洪涛）

📖 综合拓展

1. 锄头的作用是什么？

2. 有机会的话，尝试使用一下锄头，写下你的感受。

第35课　铲　子

　　铲子是乡亲们最喜欢使用的一种农具。因为小巧灵便，铲子便成了家乡农具里的多面手。乡亲们用它来点种、锄苗、铲草、挖坑，甚至有时当瓦刀用。在锄草的时节，臂弯上挎着筐，筐里放着一把小铲子，这是家乡的妇女下地时的标准配置。而男人们下地时，多是把铲子别在腰间，肩头搭上一小盘绳子。

　　铲子由铲身和铲把两部分组成。铲身是由铁打制而成的，多为长方形，长15～20厘米，宽八九厘米，厚约5毫米。铲身平直，宽的一端开刃，十分锋利，另一端收缩为一根铁条，与铲身垂直后，再次向宽的方向伸出。铲把是擀面杖粗细的"Y"字形树杈制成的。截去"Y"字形上面的一头，另一头留下约5厘米长，中间穿一个小孔，套进铲身伸出的铁条上，再箍上一个铁箍，防止迸裂。细心的老人们总是将铲把儿打磨得光滑顺手，不管谁使用，手上都不会起泡。有了年景的铲把，上面都留有清晰的握痕。

　　随着社会的发展，老式的打制铁铲已经很少见了，人们将铲子做了些小的改动。铲身是由螺纹钢压制而成的梯形，连接铲身和铲把的铁条和铲身成150°角，末端焊接了一截钢管。新式铲子从构造上看起来更加简洁，也更加牢固，但乡亲们还是更喜欢老式的铲子，总觉得握着木头把儿舒服。

铲　子

铲子的使用方法非常简单。除草时，人们半蹲在田垄上，身体稍稍前倾，右手握住铲把，铲刃对准杂草，用力向杂草铲下去，铲身入土的同时，用左手拾起已经被铲断了的杂草，放成一堆。与锄头锄草不同的是，铲子锄草下刀更加准确，锄得更干净，而且不易伤到秧苗，只是锄草的速度要慢一些。一般锄草用铲子的，都是精细的庄稼，所以铲子的使用率是很高的。

除大人们使用外，铲子也是我们小孩子最稀罕的玩具。现在的孩子们大多都玩橡皮泥，但我们那时候没有橡皮泥，因此小时候除了喜欢捉蛐蛐、粘知了、逮蚂蚱，再就是玩泥巴了，因为房前屋后都是泥土。我们最喜欢用小铲子在后院堆小山、造城堡、挖河道、造小桥……夏天的午后，我们小孩子通常是不睡午觉的，就喜欢到处跑着玩，干着各种有趣的事儿，挖蚯蚓就是其中的一件。我们拿着小铲，提着小桶，来到河沟边湿润的地方，用小铲子挖开泥土，抓起一条条蚯蚓，放进小桶里。再给小桶里也放一些泥土，捧点水进去，看着蚯蚓在小桶的泥浆里翻江倒海，别提多开心了。

秋天的时候，大人们如果找不到家里的铲子，那准是被我们拿出去搭"锅锅灶"了。

小铁铲，简单而朴实，有时帮大人们干大事，有时给孩子们当玩具，无论被用来干什么，它都是默默奉献，给大家带来方便与欢乐。其实做人何尝不是这样呢？哪里有需要，我们就到哪里，只要做对社会有用的人，都会受到大家的欢迎。

（兰州市城关区通渭路小学　陈旭方）

综合拓展

1. 铲子在农活中的主要用途是什么？
2. 用铲子挖个锅锅灶，感受一下铲子的灵活。

第 36 课　连　枷

　　小麦收到麦场上的时候，如果有的人家将要断炊了，就要尽快地先脱点麦粒来救急。即使专门脱粒的碾场程序结束后，也总有一小部分麦粒和麦衣没有分离，需要再一次加工。因为需要脱粒的量小，所以大家也不会大动干戈，起用碌碡来碾的。这时候，乡亲们就拿出另一种脱粒的专用工具——连枷。和碌碡相比，连枷小巧而灵活，一个人就可以操作，不像碾场一样，需要大家协作才能完成。

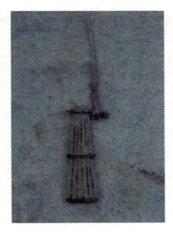

连　枷

　　连枷的构造很简单。一根约两米长的木棍当连枷把儿，在一头的顶端钻一个小孔。五六根约一米长的藤条或竹片用牛皮绳连接成板做连枷拍，在一端也钻一个孔。一截木质较硬的短棍当连枷轴，穿进把子和拍子的小孔里，用铁丝固定两头，使把子和拍子不脱离连枷轴。一把连枷就成型了。但是木制的连枷轴，使用时间长了，容易磨损折断，后来人们把轴换成了粗钢筋。不要小看这个简陋的工具，在刚实行包产到户的时候，有些家里没有碾场的牲口，需要脱粒的庄稼都是乡亲们用连枷打的，可以说连枷是父辈们的好帮手。

　　连枷的使用，看起来也非常简单。只要握住连枷把上下甩动，连枷拍就会前后旋转起来，对着场上的麦穗或豆荚拍打，麦粒或豆粒就会脱掉衣服，蹦跳出来。乡亲们管这一过程叫打连枷。但是要想打好连枷，也是要讲究方法的。首先，连枷的抓握就很讲究，抓握时一手抓住连枷把的末端作为支撑点，另一只手抓住连枷把的三分之一处作为发力点。其次，支撑点的手在打连枷的时候是不宜出大力气的。用力点的手挥舞连枷做圆周运动的时候，支撑点的手只要随着连枷把同步地运动就行。身体一前一后来回晃动的同时，手、肘、腰连动配合，使全身的力量集中到连枷拍上。麦衣多的时候，拍得重；麦粒多的时候，拍得轻。可以说，连枷的轻重缓急，全由操作者手里控制。所以老人们有"夸口种田有经验，一打连枷就露馅"的说法。

连枷打得好的，如果多人同时作业，现场犹如一场别开生面的演奏会。每当午饭后，麦穗或豆荚被烈日晒得焦脆，正是人们用连枷打场的好时间。七八人或十几人集结在一起，各执连枷，自动分成两排，面对面地站好，叫齐号令后，双方连枷各自起落一致，此起彼落而错落有致，响声雷动而节奏分明。双方如果较起劲来，就会不由自主地吼起"打场号子"，身体的俯仰和连枷拍的奏鸣声，张快应和起来，像一曲欢快的旋律，激荡开麦场上每一位老少的笑颜。

连枷，由来已久。据《国语·齐语》记载，当时的齐国（在今山东半岛），在公元前7世纪，就已经使用连枷打麦子了。在宋朝的时候，连枷"弃农从军"，成为一种"兵器"，出入沙场。据说打仗用的连枷是铁制的，劈头打下，可以置敌于死地。在火药用于战场后，连枷又"转业复员"，回到了麦场上。但是今天，连枷这个曾是军民两用的物件，尤其是麦场上的演奏，已成为家乡的绝响。

连枷不但是先辈们手臂的延伸，而且是先辈们的土吉他！在家乡演奏的丰收之曲，多年来一直让我魂牵梦萦。

（兰州市城关区通渭路小学　陈旭方）

📖 综合拓展

1.走进农家采访一下使用连枷的方法和感受。
2.用身边合适的材料制作一副连枷的模型。

第 37 课 簸箕和筛子

说起簸箕，估计很多人想到的是铲垃圾的专用小家伙。而我会自然而然地想起一个谜语："不扁不圆不四方，能倒垃圾能扬糠，忽闪忽闪簸几下，尘土糠皮全飞光。"小时候，这个谜语奶奶讲得我耳朵都快起茧子了，所以记忆犹新。谜语所指的簸箕，是乡亲们用来分离谷粒和糠皮的工具。

乡亲们用的簸箕是用柳条编制的。初春的时候，采摘的柳条韧性最好，也是编制簸箕的最佳时机。柳条采来之后，要将柳条上的皮剥干净，再放进锅里蒸一蒸，柳条不但变得韧性增强，不易折断，而且色泽更加白净。用上等的细麻绳穿进经纬相织的柳条间，拉紧后增强拉力。再从柳木上剥取一条长约80厘米，宽五六厘米，厚四五毫米的柳片，打磨光滑做簸箕的舌头。用粗细均匀的柳枝穿在边缘做抓手。家乡的簸箕窝深，不容易撒出粮食；掌平，利于麦衣等杂物飞出。一张这样的簸箕，爱惜点是可以用十几年的。

簸 箕

柳条簸箕是我们家庭里的必备工具。晒果脯、晒花椒离不开它，磨面前拣出麦粒中的石子、杂物离不开它。簸箕最重要的用途，还是分离谷物和糠皮。碾场的时候，总有那么几粒麦子的麦衣没有脱掉；扬场的时候，总有灰尘残存在谷物中。只要在簸箕中盛上麦子后，双手握住簸箕两边左右摇动，没有脱衣的麦粒就会集中在中间，用手搓一搓，使所有的麦衣和麦粒脱离开来，接着让簸箕舌头稍稍扬起，上下簸动，随着簸箕前端的起落，粮食落在簸箕中，而较轻的麦衣、尘土就会飞出簸箕外面。

碾场碾得彻底，扬场扬得干净，麦粒中没有脱掉麦衣的颗粒就很少，用簸箕就可以最终解决。若是碾场的时候天气不好，或者扬场的时候风力不足，收进仓的粮食就不是很干净。这时候，乡亲们还有一种工具来解决，就是筛子。

筛子是竹篾编制的底部有很多小孔的篮子。圆形，直径半米左右；很浅，深10厘米左右。筛子在平常也被当作盛装物品的器具来使用，摘花椒的时候常用它，腌菜时沥干菜叶上的水时也常用它。筛子最重要的作用，还是分离麦粒中未脱衣的颗粒和沙土。盛上需要筛的麦粒后，两手抓握筛子的边缘，不停地做螺旋状运动，未脱衣的麦粒就会聚集在中间，而沙土顺着筛子底部的小孔溜走。捧出中间聚集的颗粒，再次筛动，几个回合后，筛子里的麦子就干净了。

筛 子

簸箕和筛子看着简单，但在具体操作中，不经过一定的训练，使用起来还是有一定的困难的。会使用簸箕和筛子，是我们农家妇女的一项基本技能，就像做针线活一样，不可或缺。

随着各种机械的普及，这两种农具虽然在家乡已经越来越少见，在历史的长河中，它们却是先辈们面对困难，见招拆招的智慧结晶。这种不屈不挠的精神，难道不应该被我们铭记和传承吗？

（兰州市城关区西北新村小学　邹洪涛）

📖 综合拓展

1. 簸箕和筛子在农活中的主要用途是什么？

2. 有机会的话，尝试着用一下筛子或簸箕，写一写你的感受。

第 38 课　架子车

　　小时候，在骄阳似火的七月，父亲背着一大捆豆秧，从羊肠小道上一步一顿地背到场上。将豆捆放下来的时候，额头的汗珠像断了线的珠子，背上腾起的热气，像揭了盖子的热锅一样。那时候的乡亲们都一样，运送重物不是肩挑就是背扛，一来山区梯田间的路崎岖不平，二来大家也没有农用车。直到架子车的出现，才稍稍改变了这一状况。

　　架子车，有的地方叫板车，由车轮和车板两部分组成。车板由两根椽子粗的木棒当辕条，粗头的大部分，中间用木板连接起来，小头部分用刨子推刮得又圆又光。辕条靠近车轮的两侧上面，各装了一道栅栏似的方框，乡亲们叫作"挎帮"，用来阻挡车板上的东西刮着轮子。在装有挎帮的辕条中间，上下各打一个孔，各穿了一根手写体的"L"形钢筋挂钩，用下面的弯钩挂住车轴，上面的丝口上拧上螺丝帽，轮子和车板就连接成一体了。这样的架子车，乡亲们也叫光板子车，多用来拉运麦捆、麦草等。如果再安装上能拆卸的木板车厢，就可以向地里运肥料了。

拉麦捆的架子车

在平路上，只要双臂扶着辕条，就可以用架子车运送东西，比挑担要装得多。但是遇到上坡，就得用拉绳了。所以每辆架子车的车轴中间，都拴了一根绳子，另一头绾了一个套。上坡时两手扶着辕条，拉绳套在肩上，向前猫着身子，像拉纤一样，当然，也可以套上牲口来拉。在没有机动车的年代，农活里的运肥料、运庄稼，建筑中的运土运砖等全靠它。

卸掉车厢的架子车

家里有了架子车后，父亲拉车下地的时候，我和姐姐可愿意跟着了。我俩坐在车板上，手扶着挎帮，非常高兴。虽然天气很热，但随着架子车的走动，会有些许的风吹到脸上，我和姐姐还是能感受到一丝美妙的清凉，觉得自己是最幸福的了。有时候，我也会因为觉得风太小，就会催促父亲："走快点，走快点，快了就凉快了。"父亲总是回头笑一下，还是原来的速度。我和姐姐不满父亲的表现，觉得他怎么就不懂得凉快呢！现在和姐姐说起来的时候，我们都会羞愧地笑起来，以为自己凉快了，父亲也会凉快。回来的时候，车板上装了高高的豆秧，上坡时我们一起在后面推车，下坡时我还嚷着要趴在上面。父亲拗不过我，就满足我的愿望，只是速度更慢了，还不停地嘱咐"抓好，抓好"。到了麦场上的时候，父亲已是一个水人了，汗水不停地从脸颊上滴下来。

农闲时节，架子车也是我们小孩子的跷跷板，车板后面坐几个，前面辕条上坠上几个，此起彼伏地荡走了童年。

乡韵

上大学的时候，有一年暑假，我和父亲一起到地里拉麦子。我让父亲坐在车板上，我来拉，可以走得快一点，但父亲死活不愿意上车，说是走着舒服。我心里明白，他怕累着我。

现在回家，看到墙角里腐朽得不成样的车板，不由得想起父亲佝偻的身板，心里有说不出的难过。

（兰州市城关区西北新村小学　邹洪涛）

📖 综合拓展

1. 走进乡间，想想架子车渐渐被淘汰的原因。

2. 想一想，如果用架子车往地里运肥料，要给架子车加点什么样的设施？

第 39 课　扁担和筐

　　"板凳宽，扁担长，板凳比扁担宽，扁担比板凳长，扁担要绑在板凳上，板凳不让扁担绑在板凳上，扁担偏要扁担绑在板凳上。"这个简直让舌头打结的绕口令的主角——扁担，曾是家家户户必备的工具。因为以前家乡的道路崎岖而狭窄，能走架子车就不错了，所以用扁担和筐来挑，是乡亲们主要的运输方式。

　　我们的家乡不产竹子，所以扁担多是木制的。一棵两米多高、茶杯粗细的榆木，可以制成一根好扁担。家乡的扁担有两种样式：一种叫作"翘头扁担"，中间略有弯度，两头翘起半拃左右。这种扁担既可以一人挑，也可以两人抬。制作这类扁担，要趁树干湿的时候，一头把在手里，一头撑在地上，瞅稳重心所向后，用斧头把上下面砍削成横截面是扁扁的椭圆的形状，接着用火炙烤两头，待其发热时慢慢育起弯头。接着在中间支上一块大石头，两头挂上重物，晾干定型。最后用碗碴刮光表面，就可以使用了。

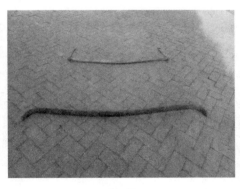

扁担

筐

　　另一种扁担，中间基本上是直的，没有弯度，两头也没有翘起，乡亲们称其为"一字扁担"。一字扁担虽然没有挂筐篮的翘头，但是两头装有挂钩。

这类扁担制作起来更容易。不管树干是不是湿的，只要像翘头扁担一样砍削好后，在两端5厘米处各打一个眼，用八号铁丝做两个"U"字形，将"U"字两头穿进打好的眼里，分开"U"字两头裹在扁担上，"U"字底露在扁担下面。再用筷子粗的钢筋做两个挂钩，连接在"U"字底部，一字扁担就成型了。

两种扁担各有特点，翘头扁担适合在坡路上挑，筐篮离地较高，不至于碰到地面而失去平衡，只是起落的时候腰部费力点；一字扁担适合在平路上挑，筐篮离地较低，两手可以抓住挂钩控制摆动，起落时腰部不费力。

曾经，扁担和乡亲们的关系非常密切。老话儿说："一个扁担两个筐，煤炭粮食能挑光。"一根扁担两个筐组成的一副担子，能把家里的肥料挑到地里，把割下的草挑回家里，等等。在家乡的南部山区，一副担子一把镰刀或铲子，可以说是乡亲们下地时常带的工具。

挑担子的时候，一定要掌握担子的平衡。不要以为挑在扁担的最中间，担子就平衡了，这只是我们的想象。其实挑担子时都挑在扁担中部略靠前的位置，并不是扁担的最中间。这里有两个原因：第一，人们在挑担过程中，与挑担肩膀同侧的手会搭在扁担上起固定作用，这样就相当于给前筐加了一些分量，担子就平衡了。第二，一个肩膀挑一段时间后就会换另一个肩膀挑，而换肩膀的过程中并不需要将担子放下，只要扁担绕着脖子后面转个圈，担子就到另一个肩膀上了，而担子依然平稳如初。

扁担和筐组成的担子，虽然给乡亲们的运输带来了方便，但是挑担子始终是非常吃力的工作。不经常挑的人挑一次担子，肩膀就会疼上好几天，就是经常挑的人，挑上一段时间后也会大汗淋漓。我们的父辈就是用这简陋的担子，给我们挑来了幸福。如今，虽然家乡的运输条件改善，担子已经退出运输行业，但是父辈们的担子还是没有放下，一头挑着生活，一头挑着我们，毅然行走在追赶幸福的路上。

（兰州市七里河区王官营小学　郭万钱）

1. 用扁担试着挑两半桶水走几步，说说你的感受。
2. 用身边适合的材料制作扁担和筐的模型。

第 **5** 章 家乡的农具

第 6 章　童年的记忆

如果没有琳琅满目的玩具和电子产品，你还会快乐吗？让我们看看上辈人是如何度过他们的童年的。你会发现快乐其实是自己创造的，而不是某个人能给你的。只要肯动脑筋寻找，快乐无处不在。

孩子们，和爸爸妈妈一起玩一玩他们童年的游戏，体会他们童年的快乐吧！

第 40 课　捕鸟记

在课余时间，盯着动画片，如痴如醉；摆弄各种玩具，忘乎所以，当你开心过后，你可曾想过父辈们小时候的乐趣呢？

在那个年代里，我们的家乡还很贫困，家里没有电视可看，也没有五花八门的玩具可玩。爷爷奶奶到地里干活的时候，我们总被圈在院子里，是无法出去和巷子里的小朋友玩的。但这不能说明我们就不快乐，我们的乐趣在奇思妙想的行动里。

初春的一个下午，我躺在院子中间，看着碧蓝的天空中飘浮着的一朵朵白云想，那大海是不是和天空一样广阔一样蓝？浪花是不是像白云一样卷起再舒展开来？或者坐在门槛上，看着天空飞过的一群群鸽子想，那诱人的哨音是从哪儿发出来的？每当这时候，我就陷入无限的遐想中，总之，没有人和我玩，是最无聊的。

叽叽喳喳的麻雀，好像是来奚落我的，一会儿在院子里的果树上嘲笑我，一会儿落在我面前的空地上挑逗我，或者就在我面前蹦来蹦去。它们时不时地装作若无其事的样子，啄一下院子里的地面，就是不靠近我。这时，我突然灵机一动，如果捉住它们……对，我要想办法捉住它们！可是，怎样才能和麻雀近距离接触呢？

我开始在院子里来回踱步，就像电影里的指挥员在思考作战方案一样。麻雀有什么缺点可以让我利用呢？这是我首先想到的一个问题。思来想去，我肯定了自己的想法：麻雀很饿。因为春天刚到，田野里没有果实可吃，也没有虫子可捉。确定了麻雀的弱点之后，我马上想到了驴槽下麻袋里的马料，拿碾碎后的绿豆瓣当诱饵，一定会让这些馋嘴的麻雀奋不顾身的。可是，紧接着的难题就自然而然地出现了——我怎么才能接近麻雀？只要我一出现，它们肯定会一哄而散，让我白白损失绿豆瓣的。既要尽可能地接近麻雀，还要让麻雀认不出我，这个问题怎么解决呢？我在院子里转了一圈，也没发现可以帮我的物件，直到我再一次回到驴槽边。

当我看到给驴添草用的竹筛时，高兴地跳了起来。我可以先用竹筛挡着自己，然后一步一步靠近那些贪吃的麻雀，再用筛子扣住它们。胜券在握的我不由得一阵窃喜，再没往深处想就开始实施我的计划。先在院子中间的空地上撒了一把绿豆瓣，然后把竹筛口朝外，高高举起，挡在自己面前，藏在房屋的山墙根，等着麻雀来啄食。

一只、两只，来了，来了，飞来了好几只麻雀，就像电影里伏击战中看到敌人进入伏击圈那个场面一样，叫人激动不已。这几只麻雀像是敌人的哨兵，一边迅速地啄食地上的食物，一边抬头左顾右盼，像是在警惕着什么。为了战果更大一些，我也没有立刻行动，等敌人的大部队来了再说吧。渐渐地，更多的麻雀从树上、从房顶上落下来。聚集的麻雀越来越多，我的身体也越来越紧，好像被一把大手攥着。我调整着呼吸，蹲在竹筛后面，一小步一小步地向麻雀靠近。心想麻雀绝对想不到移动的筛子后面藏着一个危险的大活人！就在我沾沾自喜的时候，麻雀一只只都飞走了！我都还没来得及扣筛子，大失所望。

难道麻雀发现了我？

我不甘心，来到撒诱饵的地方。啊呀，麻雀并没有发现我！是我撒的诱饵太少！因为地上的绿豆瓣已经被吃得精光！我不由得感叹，小麻雀啄食的速度也太快了吧！

怎样才能让麻雀吃得慢点呢？我手托着腮帮坐在门槛上苦思冥想。

突然，脑子里灵光一闪。有了！鸡在打麦场上啄食麦粒的时候，不是一边刨一边啄食吗？我也可以让小麻雀们这样做啊，想到这儿，我为自己的足智多谋沾沾自喜起来。有了解决的办法后，立即开始行动。像上次一样撒好绿豆瓣以后，又从驴槽里抓了两大把铡碎的麦草，覆盖在绿豆瓣上，我想这样麻雀就不会吃得那么快了。

我再一次进入潜伏状态。好长一段时间，麻雀都没有行动，只是在树上叽叽喳喳，它们可能在感叹今天的运气好，也可能在感谢我这个好人。不对，它们一定在嘲笑我孙权嫁妹——赔了夫人又折兵。嘿嘿，笑就笑吧，我一点都不气恼，反而更能沉住气了，心想，看谁笑到最后。

麻雀的耐性到底还是比我差，又开始三五成群地聚集过来。在那片麦草屑上，有的用自己的小爪刨一下，有的用自己尖尖的小嘴拱一下，才开始找到麦草覆盖下的绿豆瓣。我长舒了一口气，我的妙计果然奏效，增加了麻雀的啄食难度。但我还不想行动，等麻雀放松警惕时再悄悄出击，成功的概率更大点儿。就在这当儿，一只麻雀刨起的草屑落在了另一只麻雀的头上，两只麻雀开始掐架了。开始我还有点儿担心，它俩掐架会把麻雀们都吓跑了。可没想到的是加入战斗的麻雀越来越多，明显地分为两派，原来麻雀也恩怨分明呀。掐吧，掐吧，使劲掐，你们掐得越凶越好。

此时不战，更待何时？

我举着筛口朝外的竹筛，悄悄地向敌人靠近，六米、五米、四米……离麻雀越来越近，当我正要扣出竹筛时，麻雀却一哄而起，就像被一阵大风刮走了！

垂头丧气的我再一次坐在门槛上，望着树上嘲笑我的麻雀。

思来想去，发现我所有的计划的的确确只是一场现实版的掩耳盗铃。

难道就这样认输吗？

我一边给自己打气，一边又调整了自己的计划。先找来一截20厘米左右的细棍和一条十来米长的细绳，绳子一头系在棍子中间，支起棍子撑住即将扣下的竹筛。又一次在竹筛下撒上覆盖了铡草的诱饵。最后把绳子的另一头拉进屋里，虚掩上房门，潜伏下来。这时的我就像电影伏击战中拉炸弹引线的战士，就是没有他们的从容和自豪，而是一肚子的担心和自卑。生怕这群鬼精灵的麻雀，再次从我手里逃出去。

麻雀们陷入长时间的沉默，好像也预知自己这次在劫难逃。偶尔一两声的叫唤，听着总是透着那么点无奈。它们肯定也在观察、分析、思考……

敌人的哨兵出动了。一只麻雀以优雅的姿势落在竹筛外边，晃动着它那灵活的小脑袋，左瞅瞅，右看看，觉得没有危险后，又快速地进入竹筛下面，但是没有停留，又立刻出来了。

我强忍着冲动，最终没有拉动手里的绳子。因为我已经失败了两次，不能再失败了。

我在门缝中窥探到，那只哨兵麻雀居然没有飞走，而是在竹筛外边叽喳了几声，也许是向它的同伴们传递侦察结果，也许是在夸耀自己的勇敢。终于，它的伙伴们又一只只飞落在竹筛外，叽叽喳喳地议论着、围观着。有胆大的麻雀开始向竹筛下面挺进——肯定是那只哨兵麻雀。在它的带领下，进入筛底的麻雀越来越多。我的心跳得越来越厉害，飞快地下定决心，一定要准、狠、快！我毫不犹豫地出手了！当连着细棍的绳子像蛇一样向我飞蹿过来的时候，我看到竹筛飞速地下落，扣住了没来得及飞出去的麻雀，而且还不是一两只。

我像射出了最后一颗子弹的胜利者，慢慢地推开门，长舒了一口气，学着电影里英雄的样子，仰头看了看依然蔚蓝的天空，来到了竹筛跟前。

树上、房顶上的麻雀惊魂未定，还在号叫着；竹筛里的被俘者已经魂不守舍，停止了呼救。我看着竹筛，一个问题又来了，怎样揭起竹筛，才能捉住麻雀？

我没有贸然采取行动，又一次坐到门槛上，开始思索。在漫长的生活中，那些比我遭遇了更多失败的人，因为没有轻言放弃，所以才发现了许多行之有效的法子。

你们猜，我是怎样抓到筛子里的麻雀的？

方法很简单，只要在地上多转动几次筛子，麻雀被转晕了，就可以伸手进去随便抓了。

（兰州市七里河区宋家沟小学　李光红）

综合拓展

调查了解除了竹筛捕鸟，长辈们小时候还有哪些捕鸟的方法？

第 41 课　冰　车

　　孩子们，严冬来临的时候，你们一定是趴在爷爷奶奶的床上，手拿电视遥控器，频繁地换台，找自己喜欢看的节目，或者看着从学校图书室借来的书，津津有味之余，发出一声声开心的笑。对如今家乡的孩子们来说，这是他们最惬意的时光。

　　从幸福的孩子们身上回过神来，看着玻璃窗上美丽的霜花，听着窗外吼叫的寒风，我的思绪不由得回到了童年。

　　那时的冬天似乎格外冷些，但是对于我们男孩子来说，一点儿也不可怕，反而觉得很可爱。尽管我们穿的不是羽绒服，脸冻得发红；尽管吃的不是很好，多是玉米窝头，但是一想到我们黄峪沟里那不大的溪水，再也不会被上游的人家截流到菜园果园里，就不由得高兴起来。

　　黄峪沟的河床很宽，乱石密布，静卧在东西山脉之间，从远处看倒像是石流。溪水很小，安静乖巧，穿行在乱石中间，从远处是看不到水的。但是到结冰的时候，就会浮出乱石表面，变成一绺一绺的冰带；流速更加缓慢，向沟渠两旁蔓延开来，再把冰带连接起来，形成宽广的冰川。从上游宋家沟村的土地庙，到下游王官营村的法宁寺，南北约三公里的距离，河床是最宽的，这一段的冰川也是最好的。从远处看，亮晶晶的，仿佛是大自然给我们搭好的天然戏台。

　　东西两山的村庄，都沉浸在冬天的凝重当中，这个戏台就成了我们的乐园。村里的孩子有的寻了一块碗口大小的平石板，坐在上面，享受在冰面上滑动的快乐，忽而随着一声欢叫，石头跑一边去了，人还在向下滑动；有的寻了一块平整的冰面，抽着陀螺，比较着谁的转得最好，伴随着一声惊叫，陀螺肯定是被抽飞了；还有胆小的妹妹，蹲在冰上，拽着哥哥或姐姐的手前行，一个不小心，两人都翻倒在冰面上……起初的时候，在这个舞台上，大家怎么开心就怎么玩，每个人都是角儿，一直到冰车的出现，这个舞台才真正热闹起来。

冰车是谁发明的，已经无从可考。也许是受坐在石板上无法控制滑动方向的启发，大家才想出来的。

冰 车

记得最清晰的是毛蛋的冰车。整个冰车长约50厘米，宽约40厘米。先是在两截木棒侧面的两端，用火钎各烫出一个相对的眼儿，再用两截和木棒一样长的十号钢筋把两端向同一侧扭弯2～3厘米，钉在木棒烫好的眼上，使钢筋笔直地贴在棒子上，接着在缚了钢筋的棒子背面钉上木板，连接成一个整体。再用半米左右的两根钢筋当拄棍（相当于滑雪杖），冰车的装备就算齐全了。

毛蛋简直成了我们中间的明星，走到哪儿都有一群粉丝跟着，都想在他玩累的时候，驾驶他的宝贝在冰川上遨游一番，然后向其他伙伴炫耀非同寻常的快感。

冰车在我们中间激起了多米诺骨牌似的仿制效应。那时候，钢筋是稀缺的，伙伴们都在寻找。即使好不容易凑齐了做冰车用的钢筋，也找不到做拄棍用的钢筋。我的伙伴大嘴，为了一根拄棍，竟然把盛饭用的铁勺偷了出来，砸掉勺碗儿，在勺把的孔眼里装了一截木棍，结果被他妈狠狠地揍了一顿。我们笑完之后，仍然帮他磨尖了拄脚。

很快，村里有冰车的伙伴多了起来，东面的阴洼队有7驾，而西面的阳洼队只有6驾。东西两队比赛时，就差我一个。大家都希望我也尽快想办法打造一驾冰车。

机会总算来了。

我随父亲到范坪村拜年的时候，发现表叔家里有两截半米左右的角铁，立马眼前一亮，央求表叔把角铁送给我。当表叔明白我的用意之后，不但爽快地答应了，还帮我在两根角铁的同一侧上给锍了四个眼，而且按我的要求，把挨着冰面的四个直角用砂轮打磨成弧形，还外加一个铁勺把。父亲虽然有些不乐意，最终还是帮我带了回来。更幸运的是，我们路过彭家坪的时候，在一家门口的垃圾堆上看到了一把破了勺碗儿的铁勺。

真是犹如神助！

一回到家，把勺把子交给了伙伴大嘴后，就去找木匠海娃叔，只有他们家才有木板的边角料。

海娃叔将两截木棒加工成四棱柱，把角铁钉在上面，接着找来四块砖，两两拼到一起，拿起钉有角铁的木柱，将角铁插入砖缝，确定好间距后，瞅了瞅角铁和地面的垂直度，拿刨光的木板盖在木柱上，钉了八颗钉子，每根木柱上四颗，钉眼儿排列得就像用尺子画了线一样整齐。最后海娃叔又按我的要求，在冰车前端的一块木板中间，用他的手摇钻打了一个小孔。

当我兴高采烈地扛着我的冰车回到家，大嘴已经帮我做好了挂棍，磨尖了挂脚，正在用碗碴子刮光挂棍上的木把。当他看到我的冰车时，羡慕极了。因为我的冰车质量是一流的，按他的话来说是正儿八经的冰刀，比钢筋做的冰刀要强许多倍。做工是精致的，木板都是刨光的，没有木刺。但他没有看出我冰车的另外三个功能。首先，刹车灵敏，因为我在前端木板上钻了个眼儿；其次，越野能力强，因为角铁做冰刀，底盘就高；第三，攀爬力强，因为冰刀两端是弧形。这些都是我观察到他们冰车的缺点后想出的改进方法。

第二天早上，我们扛着各自的冰车，来到了宋家沟土地庙下的冰川上，这是约好的起点，终点是王官营村法宁寺。顺川而下，谁赢了谁就是阳洼队的冰车队长。

我们一字儿排开，盘腿坐在各自的冰车上，双手紧握挂棍，挂脚杵在冰面上，整装待发。随着挂脚尖刺破冰面的哧溜声，双臂向后伸展，冰车载着各自的主人冲了出去。冰刀压过冰面后发出的嘶嘶声，不绝于耳，以很强的穿透力，低吟着舍我其谁的诉求；迎面而来的风像舞动的小刀，从额头上划过，钻进我的脖子里，由前胸冰到后背。拄脚尖的破冰声已渐渐单调，我知道自己已经将伙伴们远远地抛在身后……

突然，我身后传来"哎哟"一声大叫，是大嘴。我立刻提起右手拄棍，插进我脚前面板上的圆孔里，伴随着一声刺耳的撕裂声，冰车前飞射起两绺冰屑，迷乱了我的视线，但是冰车也很快减速停稳。我回头看时，毛蛋也正在刹车，将他的左拄棍挡在冰车前面，发出沉闷的哧溜声，眨眼间，他也向左翻倒在冰面。一定是他刹车的拄棍偏右了。原来大嘴的冰车下坡面时，因为前端太低，木棒前端着冰，直接栽了个跟头。大头的冰车因为底盘低，被冰碴子卡住，无法动弹，只得下车，重新启动。虎子虽然没有翻车，但是陷在一处蜂窝状的冰碴里，无法驶出，只好下来，拉出冰车……

经此一役，我冰车的剽悍劲被大家一览无余，我也自然成了阳洼队的冰车队长。

自那以后，阴洼队和阳洼队的队员们纷纷改进自己的冰车。从宋家沟村的土地庙到王官营村法宁寺的宽阔冰川上，我们驾驶着心爱的冰车，根据队长的口令，在坡度较大的冰面上滑出鱼贯式、雁行式的队形，在平缓的冰面上滑出十字队形、三角队形。尤其是中间两位、周围五位的纽扣队形出现时，别说沿着岸边奔跑的粉丝们那欢叫声连绵不绝，就连大人们也会驻足，发出少有的赞叹声。我就亲眼看见过大嘴的妈妈，来冰眼处挑水，看到大嘴和我们变的花样，在那里笑……因为就连大人们也不得不承认，我们才是这冰川上的主角。

小时候的冬天其实很短，因为我们是在冰车上度过的。

（兰州市七里河区宋家沟小学　李光红）

📖 综合拓展

1.和爸爸妈妈合作尝试做一辆冰车，在冰上玩一玩，体会它带给你的快乐。
2.查一查、问一问还有哪些好玩的冰上游戏。

第 42 课　舰　船

在酷暑的午后，孩子们吃着雪糕，吹着空调，看着动画片，俨然一副乐不思"暑"的样子。任凭蝈蝈的歌声多么嘹亮，都无法把孩子们吸引到室外。看到这情景，我不由得想起小时候的暑假时光。

现在的孩子们怕晒，其实我们小时候也怕晒，一旦被烈日灼伤，那种奇痒之后的脱皮，别提多难受了。但是我们小时候连动画片都没得看，更别说雪糕和空调了。每天吃完午饭，大人们有的去睡午觉，有的去大树下拉家常。我们小孩子可不想睡，村里柳树围绕的涝坝沿，就成了我们的避暑胜地。

这个涝坝东西宽约30米，南北长约60米，近似于长方形，是人工挖成的一个蓄水池。什么时候挖成的，村里的老人也说不清了。仅从岸上水桶粗的几排柳树来看，就知道已经有些年景了。涝坝南边有进水口，从大尖山发源的溪水，流经宋家沟村后，在这里存蓄；北边有出水口，王官营村的浇地水从这里放，西山岭村的饮水也是从这里流向泵房的。

对于大山深处的我们来说，涝坝是我们能见到的最大水域，也是我们小孩子的乐园，尤其在炎热的夏季。

午饭后，村里的男孩子就三三两两地聚集到涝坝沿来。比我们大几岁的哥哥们，总是在左瞅瞅右看看，看不见大人们后，急不可耐地脱去衣服，扑进一米左右深的涝坝里，尽情享受水的凉爽。我们不敢下水，只好在树荫下看他们的狗刨式。因为大人们是严禁小孩子戏水的，所以他们估算着大人们出工的时候，就停止嬉闹，上岸一溜烟地消失了。

哥哥们走了，水面渐渐地安静下来，从南到北，泛起一圈圈细细的波纹；被搅起的泥沙也慢慢地再一次沉淀，水里的青蛙都清晰可见了。周围的空气也好像突然宁静起来，涝坝周围完全成了我们几个小朋友的天下。

柳树叶在微风中摇曳，反射出星星点点的金光。百无聊赖的我们，在涝坝沿上，看着由南而北的粼粼微波，不知道玩些什么好。

毛蛋捡了一块牛皮纸，折了一只小船，跑到涝坝南岸边，轻轻放进水里。没想到小船在微波上慢慢向北荡去，我们在东西两岸欢叫着，向北追去。突然，小船停了下来。仔细一看，水中竖起的一根水草拦住了小船，左摆右晃的，就是无法脱身向前。

大嘴说："向小船附近扔个石头，让波浪荡开小船。"

毛蛋急了："不行，就你那臭把式，不砸沉船才怪呢！"

沉默了一会儿后，建国说："找一根长点的柳树枝，拨开小船行不行？"

大伙儿一听有道理，但是找来的柳树枝都太短，够不着小船。

毛蛋坐在那里，像泄了气的皮球。好不容易捡了块水泥袋子上的牛皮纸，叠了一只小船，看来只能这样舍弃了。

就在这时，我和建国几乎同时开始拔草。大嘴还在发愣的当儿，毛蛋已经明白了我和建国的用意，立刻把三根较长的柳树枝摆放成了一根线。

毛蛋举着用草接好的约三米长的柳树枝，颤颤悠悠地向小船靠近，我们在旁边吆喝着，指挥着，终于大功告成。小船脱离了水草的阻拦，再次向北岸漂去。

纸船终究是纸船，在水里待不了多久。等我们在北岸迎接到它时，纸船两边的船舷已经扁平，累得散架了，船舱里也进了水。

纸船沉没了，可是它带给我们的乐趣和启发没有停止，反而更加强烈。

找什么材料制作一只船，成了让我们几个抓耳挠腮的问题。我们七嘴八舌地争论了半天，都认为对方的策略不是有缺点，就是制作有难度，没有一致的结果，就各自回家了。

太阳快要落进西山背后，炊烟已经散尽，凉爽的晚风扑进小褂，痒酥酥的。晚饭后的我们不约而同地来到了涝坝沿。

原来谁都没有闲着，每人手里都拿着一只小船，都想试航自己的宝贝。毛蛋的船还是牛皮纸叠制的，不同的是这只船穿了一层塑料外衣。船舷上细密的针脚使塑料和牛皮纸紧贴在一起，是他央求姐姐给缝的。建国的船，是木板当船底，三合板当船帮，用鞋钉子钉成的，看着很结实。大嘴的"船"直接把我们都笑翻了，他把家里的葫芦水瓢拿来了。他着急地说是来试一试，然后再做。笑完之后，伙伴们要看我的船了。我的船最简陋。一块长约30厘米，宽约15厘米，厚约1厘米的木板上，竖着一根15厘米长的筷子，筷子上穿插着10厘米宽的铁丝网，铁丝网外裹着一层塑料，算是帆。帆顶上糊了一面小红旗，因为我实在找不到更好的材质了。那铁丝网还是我从隔壁窦奶奶家的鸡窝上偷偷折下来的。好在大家不但没有笑话我的船，反而争论了起来，毛蛋说我的船太重，浮不起来；建国说我的船有帆，应该最快。其实他们不知道，我做好的时候，已经在水盆里试过了，很平稳，不会沉的，不然我也不会在帆顶糊上一面小红旗的。只是不知道，在水面漂流的时候会怎样，心里还是没底。

谁的船最牛，只要放进涝坝的水面上漂上一个回合，就知道了。

风还是从南向北吹的，我们来到了南岸。还是毛蛋最自信，他先把改进后的船轻轻放在了水面上，等船漂出半米左右的时候，用手撩起一轮轮水波，给自己的船助力。然后催促我们快放。接着，大嘴把水瓢也放了进去，开始的时候，水瓢还向前漂，但很快就转起了圈，行进的速度很慢。建国和我因为心里没底互相谦让着，在毛蛋的催促下，我俩一起把船放在水面上。还好，我的船没有沉，很快就在水面上平稳地行进了。我心里悬着的石头也平稳地落了地。

很快，结果就显现了。毛蛋的船一直在水波上稳步行进，没有险象。而大嘴就不一样了，瞪大眼睛关注着他的瓢，虽然时而前行，时而转圈，但是险象环生。特别是转圈的时候，时不时就有水泛进瓢里。急得建国忍不住叫起来："快，用柳枝把它牵引过来，不然会沉。"因为大家都不想大嘴今晚回去被暴揍一顿。可是等大嘴找来那根用草接好的柳枝的时候，瓢里泛进去的水已经很多了，像醉汉一样，左晃右摆的。柳枝还没靠近，瓢就沉入了水中。大嘴坐在岸上哭起来，我们谁也没有笑，因为建国的船也是同样的命运。

水面上，只有两艘船在向北挺进。所不同的是，毛蛋的船一会儿船头顺着北前行，速度较快；一会儿船头横过来前行，速度就慢。我的船一直是船头向北，帆顶的小红旗也舒展开来，直指南方，在风的助力下，越来越快，把毛蛋的船遥遥地抛在后面。我们要在岸上跑，才能和它平行。

结果不言而喻。

在北岸收起了船后，我和毛蛋不敢沾沾自喜，因为大嘴还哭丧着脸。但是我们很快便想出了办法，在水瓢落水的地方，一阵搅动后，瓢浮出了水面，被建国用柳枝拉了回来，建国的船却没有找到。

第二天，大家仿照我的做法制作了自己的船，还给自己的船起了名字。我的船叫"解放号"；建国的船就以他的名字命名，只不过帆顶的旗帜是绿色的；毛蛋的是"远洋号"，帆顶的旗帜是蓝色的；大嘴的是"中华号"，帆顶的旗帜是国旗。在整个夏天，每当午后，有微风吹起时，涝坝里彩旗飘飘。我们在涝坝沿上奔跑着、欢叫着，追赶着夏天的脚步。

渐行渐远的夏天，让懵懂的我们渐渐懂得，在有玩具的时候，可以尽兴地玩耍；没玩具的时候，也不必气馁。我们可以想方设法自制玩具，给自己的童年增添乐趣。现在回头想来，生活也莫不如此。

（兰州市七里河区宋家沟小学　李光红）

📖 综合拓展

1. 尝试着用不同的材料制作文中的各种小船放到水中，让自己的小船起航。
2. 怎样做才能让自己的小船跑得更快呢？

第 43 课　翻花绳

　　周末陪儿子去游泳，晚上他梦话连连，看他一脸开心的样子，没忍心叫醒他。这不由得让我想起自己小时候的快乐。

　　火辣辣的太阳炙烤着大地的时候，一切就像在大大的蒸笼里面。老榆树下的花公鸡，没有了舍我其谁的骄傲，羽毛像发怒时一样竖着，露着红红的柳叶舌。软儿梨树下的白狗，伸着长长的舌头，趴在地上一动不动，也不再黏我了。大人们都去午睡了，整个村子变得安静下来。我们同一个巷子里的几个女孩就是睡不着，躲在屋脊后的阴凉里，围在一起，十个手指不停地翻飞着，一脸的自豪，偶尔发出一两声欢叫。这样的场景多次在梦里出现，有时还会笑醒来。儿子会问我，又梦见什么了。我就骄傲地告诉他，翻花绳我又赢了。

　　翻花绳，是20世纪七八十年代女孩子最爱玩的游戏之一，也叫"编花绳""挑绳"。有些少数民族叫"解绷绷""解钩钩"或"解勾勾"。这个游戏取材简单，一米来长的线绳就行，玩起来很容易上手，所以深受小孩子们的喜爱。

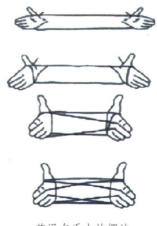

花绳在手上的绷法

回想当年的我们，除了脖颈上的钥匙绳外，扎头发的绸带和毛线，家里挂窗帘淘汰下来的尼龙绳等，都成了我们玩翻花绳的工具。

一根毛线两端打个小巧的结，成为一个线圈。我先把两只手伸进线圈，手掌对向绷开，然后两手分别在线圈上绕一圈，接着用左手的中指挑起环绕在右手掌上的线，右手的中指对准左手中指，挑起环绕在左手掌上的线，再次绷开，手上的线就成了倒扣着的"牛槽"。这时，游戏才算是开始。另一个伙伴就要从我的手上或勾或挑，或拉或翻，变出新的样式。人多的时候，都跃跃欲试。我不用指定，她们就会不约而同地开始"石头剪子布"，获胜的来翻花绳。其他人围着看，嘴里还唱着："花绳新，变方巾，方巾碎，变线坠，线坠乱，变切面，面条少，变鸡爪，鸡爪老想刨，变个老牛槽，老牛来吃草，它说花绳翻得好。"花绳从我手上转到伙伴的手上，成为新的样式；另一双小手马上伸过来，轻巧地一勾一翻；又一双手伸过来，一挑一翻……就这样一勾一翻，一挑一翻，翻转出"方巾""面条""牛眼睛""一捆柴"等不同的新花样。在不停地欢笑和歌谣中，你抻我挑，你挑我勾，上下翻转，见招拆招，见花拆花，三五个人可以玩上半天都不重样。

这是双人玩法，需要二人紧密配合。如果两个人配合不到位，就可能在换手之间，翻成一团乱绳，一次游戏就算结束。要想再玩就得重新开始。

也可以一个人玩。单人的玩法是自己的双手，或缠或绕，或穿或挑，最后经过一个脱胎换骨般的关键性反转，把缠绕于双手的线绳在手指间绷出各种花样来。

翻花绳这个游戏，既可以锻炼一个人的勇气，也可以激发一个人的创造力，更可以锻炼一个人的思维敏捷性。

伙伴们一个人玩的时候，总是大胆地尝试自己的奇思妙想。记得我的"花篮"，慧娃的"南京长江大桥"，小奕的"心心相印"，让大家羡慕不已，我们的自豪也无以言表。

翻花绳——面条

翻花绳——方巾

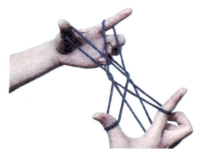

翻花绳———捆柴

翻花绳——牛眼睛

翻花绳的样式多了，取胜的规则里就加了一条，看谁翻得快。尤其是双人玩的时候，面对别人变出来的样式，脑筋要飞快地运转。从哪里下手，从哪里翻出或挑出，变成什么样式，要在顷刻间决定好。记得我和小奕是最快的。

童年的无忧，是值得回忆的；童年的乐趣，是我们在指尖翻出来的。希望儿子能创造出属于他自己的快乐。因为，即使成年后，快乐也是要自己创造的。

（兰州市城关区教学研究室 陈丽宇）

📖 综合拓展

1. 从家里找一些漂亮的毛线绳，到学校和同学们一起翻着玩，比一比谁翻出的花样更多。

2. 当小老师，把你会玩的花样教给大家。

第 44 课　抓石子

　　我们小时候的玩具现在看来，简陋而老土，但一点儿也没有妨碍我们的快乐。我们自编的各种游戏，自创的各种玩具，一直沉淀在记忆里。

　　白云若花，大朵大朵绽放在蔚蓝的天宇；绿荫如伞，几个孩子席地而坐，几颗小小的石子在手中灵活地翻飞……这是我们童年时代抓石子场景的定格。那时，哪个女孩的口袋里没有几颗石子呢？哪个男孩的口袋里不是叮当作响？一把石子，会让我们玩得风生水起。

　　夏天的日子里，只要放学了，我们一个个挽着裤管、赤着脚到河边挑选石头。我们所挑的石子可讲究了，指头大小，最好是晶莹剔透的白石子。谁凑齐了五粒大小相当的一副石子，够叫小伙伴们羡慕好一阵子的。如果没有的话，就捡碎瓦片蘸水来磨。那时候真舍得下功夫，居然能把大大小小、形状不一的碎瓦片儿磨成齐齐整整的圆形。一个个的衣兜、裤兜都是满满的石子，走起路来沉甸甸的，脸上却洋溢着丰收的自豪！

　　抓石子游戏，适合在任何一个地坪上进行。只要不下雨，地上没有泥巴就可以玩。选块较光滑的地面，手指不至于磨出老茧。两人或席地而坐，或面对面蹲着，就开始了。先把五粒小石子撒在地上，捡起一颗抓在手里，扫视一下地上的石子后，向空中抛出攥在手里的石子，紧接着抛出石子的手不但要飞快地去抓地上的石子，还要接起下落的石子。按规定第一节抛起一个石子，只能一个一个抓取地上的石子。第二节的时候，抛起一个石子，两个两个抓取地上的石子。第三节先抓一个石子后抓三个石子。如果抓石子时手触碰了其他石子，或者没能接住抛起的石子，或者地上的石子没抓起，又或者没有抓够每个环节规定的数量，就"死"了，必须把石子交给下个参与者继续游戏。三个环节顺畅地完成后，把五个石子一块抛起，五指并拢用手背去接下落的石子。接得越多越好。再把手背上的石子抛出，翻过手掌接住下落的石子。还有动作更难一些的，用手背抛起石子后，手掌不用上翻，直接去抓下落的石子。最后数一数手中石子的数目，一个记两分，抓回来的是五颗，就记十分。一场下来，谁攒的分多，谁就是赢家。

三颗石子可以玩"捡蛋"。抛起一颗石子，快速抓起地上的一颗石子后接住抛出的石子，接子的同时，又要把手中的石子从小拇指与手心合成的小圈里漏下来。"捡蛋"时，抛子、抓子、漏子、接子，一气呵成，口中还要念着"鸡生蛋，鸭生蛋，生一个，生两个，生三个……""捡蛋"的多少随着口诀同步进行。不知从哪天开始，我们又有了新的口诀，"小大姐，去捡蛋，捡一个，捡两个……"小伙伴中最厉害的人一次能捡几十个"蛋"呢。

伙伴多的时候或者石子多的时候，我们就热衷于玩赢子。我们把各自的石子拿来混在一起，大家"手心手背"决出谁先玩。分别有拾单、拾俩、拾仨、拾四等玩法。每一种玩法的起始动作都是相同的，就是用大拇指和食指捏住一颗石子抛起后，迅速地抓起散落在地上的一颗石子，再去接住那抛起的石子，这时抓到地下的石子就是被你赢走的。拾俩时，用同样的动作依次成对地抓散落在地上的石子；拾仨时，每次必须抓起三颗石子；拾四时，每次抓起四颗石子；最后谁赢的石子多，谁就是胜利者。

可别小看抓石子这个小游戏，特别能锻炼人的眼力和协调性。反应要敏捷，动作要迅速，用力要适当，哪一方面稍有欠缺，都是不行的。说到这里，你是否已经怦然心动，想玩上一把呢？

多少年后，再次回想起这个游戏，让我又获得了一个启迪：不管你的处境如何，想要快乐，必须自己动手创造！

（兰州市城关区教学研究室　陈丽宇）

📖 **综合拓展**

1. 根据文中所讲，找到合适的石子和小朋友们一起玩一玩。

2. 说一说你还有哪些好玩的玩法，介绍给你的小伙伴。

第 45 课　斗　鸡

　　冬日的阳光没有了风风火火的脾气，带着一点点的清冷，缓缓地从教室的窗户洒进来。抬头望向窗外操场上那棵笔直的白杨树，光秃秃的枝杈高耸在湛蓝的天幕下，显得那么孤单。小鸟早已不知去向，也听不到小虫的鸣叫，夏天里的一切乐趣随着越来越冷的天气离我们越来越远。

　　百无聊赖、正在发呆的我忽然听到教室里传出一阵吵闹："哼！不服气，有本事我们比一比看谁厉害！"班里最强壮的小凯粗声喊道。"比就比，谁怕谁！"我的铁哥们儿小江红着脸，扯着嗓子回应道。"哦，一会儿体育课有好戏看喽！"班里其他男生跟着起哄道。"比什么？"我边想边跨过凳子来到小江身边，拽了拽小江的衣袖，"一会儿，你们比什么？"我悄声问道。"比斗鸡。"小江转过头来对我说道。"什么？比斗鸡，你……"看着小江像要吃掉我的眼神，我生生地把"行吗"两个字咽了回去。斗鸡是冬日里男孩子们最爱玩的对抗型游戏，它玩法十分简单，就是单腿着地，盘起另一条腿，双手握紧脚脖子，跳着前进，以膝盖撞击对手，谁先双脚着地或者倒在地上就算谁输。小凯是我们班公认的大力士，身体长得又高又壮，看着小江比小凯整整矮了一头的瘦小身形，我真替他捏了一把汗！

斗鸡

也不知谁先向体育老师打了小报告，体育课一开始，陈老师就饶有兴趣地对大家说："今天咱们别的什么也不教了，就来一场'斗鸡大赛'怎么样？""好哦，好哦！"男孩子们大声地欢呼着。陈老师让所有同学围成一个大圆圈，然后郑重其事地讲起了比赛的规矩："比赛时，两名同学只能以膝盖为武器彼此相斗，绝不允许利用手或身体的其他部位去攻击对手，否则就算违规，违规者就算自动认输。三局两胜，输了的同学就地做十个俯卧撑。"

斗鸡大赛

第一局开始了，小凯和小江已经摆好了架势，他们都把右腿高高盘起，弓着背，像两只好斗的小公鸡。可是他们谁也不主动出击，只是不停地单脚跳着，看来是在等待时机。突然，小凯使出浑身力气拼命地撞向小江，小江轻轻一跳躲过了攻击。"还好，还好，有惊无险。"我长长地舒了一口气。就在我一走神的工夫，听到同学们"哎呀！"一声叫，再定睛一看，小江已经躺在土地上了，看来小江还是没有躲过小凯的猛烈进攻啊！陈老师一声哨响，走到小凯身边，将他的右手高高举起，大声地宣布："第一局王凯同学胜！"小凯阵营的同学发出大声的欢呼，我们这边却有点垂头丧气。我哭丧着脸瞅向小江，可是他边掸掉身上的土边向我狡黠地眨了眨眼睛。一声哨响，第二局又开始了，有了第一局的胜利，小凯已经完全不把小江放在眼里了，刚一开始就拼命撞向小江。可是小江变得十分灵活，左躲右闪，不管对方怎么想办法，他都能应付自如。渐渐地，小凯失去了耐心，开始像无头苍蝇一样东撞西撞，不知所措。就在这时，小江忽然以迅雷不及掩耳之势一下子跳到了小凯的侧面，把自己抬起的右腿压低，迅速放在小凯的右腿下面，然后用力往上一抬，小凯不防备这一招，一下子人仰马翻，倒在地上。陈老师大声宣布："第二局刘江同学胜，现在是一比一双方战平。"决胜的第三局，小凯显然不敢掉以轻心了，他用衣袖擦了一下流出来的清鼻涕，死死地盯住小江。为了防止再受到小江上一次那种方式的攻击，他压低了自己的右腿，狠狠地撞向小江，小江迅速地向一旁跳去，可还是让小凯撞上了，他一个趔趄往后跳了几步，稳住了。这时所有人都屏住呼吸，连大气都不敢出声，生怕声音影响了他们的比赛。"小江，加油啊！"我心里暗暗地呐喊。他们就这样你攻我守、你守我攻较量着，看来这是一场持久战，双方的体力消耗都很大。就在小凯有些体力不支气喘吁吁之际，小江忽然飞身跃起，膝盖直顶向小凯的肚子，小凯被这突如其来的泰山压顶之势吓蒙了，还来不及做出反应，就重重地坐在了地上。小江这个高难度的"飞膝"动作真是太厉害了！同学们在短暂的停顿之后大声欢呼起来："刘江赢了！你太厉害了！"这时小江走到小凯的身边友好地伸出了手，陈老师立刻夸赞道："好样的，友谊第一，比赛第二！小凯还不快伸手，你们是朋友啊！"小凯虽不情愿，但还是把手伸了出来，小江一使劲把坐在地上的小凯拉了起来。这时，陈老师大声地向同学们宣布："刘江同学以二比一的比分赢得了这场比赛！王凯同学服不服？"只见小凯挠挠头，不好意思地说："刘江是在用脑子斗鸡，我服了！我愿意做十个俯卧撑。"说着小凯俯下身体做起了俯卧撑，同学们不由自主地为他们鼓起掌来。之后陈老师大声说道："现在男同学可以自由斗鸡了！""哦，哦，哦！"只见男同学们纷纷抱紧自己的腿，投入了"战斗"。他们有的像一辆冲锋的坦克，十分威猛，横冲直撞；有的被别人斗败了，像一只泄了气的皮球，垂头丧气；有的还没有反应过来就被冲倒在地；有的一顿乱撞，结果没冲到目标，自己却倒在地上，惹得我们女生一阵大笑。这笑声、叫声和欢呼声久久地回荡在操场上……

斗鸡"战场"

看着男生们在"战场"上冲杀，我真是羡慕不已，作为班上"假小子"的我也想学斗鸡。看到小江这么厉害，放学之际我拦住了小江。"你教我斗鸡吧！"我央求道。"这是男生的游戏，你不行！""什么我不行，我跟着你没少爬树吧？没少上房吧？你们男生会的我哪样不会？你说说。你就教教我呗！"小江终于拗不过我，把我带到了操场上，懒洋洋地说："抬起你的右腿。""这些我都会，我要你教我你的绝招。"我急切地打断了他的话。"基础的都不会，还想学难的？""那咱们就斗一下嘛！"我挑衅道，说着就单脚跳着撞向了小江，小江灵活地跳开了。"你嫌我是女生不和我斗是吧？"我喊道，"你们男生有什么了不起，哼！"说着我再一次撞向小江，小江似乎被我说急了，在我撞向他的一瞬间也跳起来撞向了我，一股强大的力量一下子把我冲了出去，我向后倒退了好几步，终于还是没站稳，一屁股坐在了地上。顿时，我的脑袋先是"嗡"的一声，随着屁股的疼痛，眼泪在眼眶里打了好几个转儿，但是让我硬生生地憋了回去。"看看，叫你别跟我们男生斗，你还不服气，疼不疼？"小江一边责备我，一边急忙跑到我身边关切地问道。"没事，不用你管。"我假装坚强地边说边从地上站了起来。"以后你就和女生玩斗鸡吧，女生里面你保准最厉害！"小江说。"那你那些绝招教不教我？""教、教，我敢不教吗？""这还差不多，嘻嘻！"

......

　　童年的一切就这样随着岁月的流逝而渐渐斑驳，儿时的伙伴如今早已天各一方、各自拼搏，可是记忆如一张张相片深深地印在我的脑海中，没有现代高科技玩具和网络的童年是那么真实而五光十色。学会坚强、遵守规则、苦练技巧、善于沟通、对人真诚、充满友善，是在儿时的各种游戏中渐渐学会的，这些也成了我一生取之不尽、用之不竭的宝贵财富。

（兰州市城关区民主西路小学　魏屹琨）

综合拓展

　　1. 你学会怎么玩了吗？快和你的小伙伴们到操场上来一场激烈的斗鸡比赛吧！（要注意安全）

　　2. 悄悄告诉你，玩斗鸡是有技巧的，你发现了吗？把你的经验分享给大家吧。

第 46 课 踢毽子

这个周末去姐姐家，电视柜上的一个毽子立刻吸引了我，羽毛是那样五彩绚烂。我不由得把它抓在手里：羽毛是塑料制成的，只不过被染了颜色，插羽毛的细管和底座也是塑料制成的。在手里颠了几下，虽然和我小时候玩的毽子相比，底座稍微有点轻，但还是让我激动不已，觉得非常亲切。那久违了的《踢毽子》在脑海里回响起来："小鸡毛，真美丽，做个毽子大家踢。你踢了八十五，我踢了一百一。好像花儿朝上飞，好像活泼的小公鸡……"我的思绪一下子回到了孩提时代。

毽 子

秋冬季节一放学，在街头巷尾或大杂院里，到处可见三五成群的孩子，一边踢着五颜六色的毽子，一边唱着美妙的儿歌："里踩外拐，漂洋过海""一锅底，二锅盖，三棵葱，四芽菜……"一直唱到十。那时没有路灯，小伙伴们不到天黑是不回家的。即使在学校里，只要听到下课的铃声，我们也会迫不及待地拿出自己的毽子冲出教室，在走廊里就开始"石头剪刀布"了，好决出谁先踢毽子，免得在课间十分钟里只能当观众。

毽子的踢法花样很多。常常是几个女孩子围成一圈，有时是一对一地比拼，比谁踢的个数多、花样多；有时是几个人同踢一个毽子，你踢给我，我踢

166

给你，谁让毽子落地谁就输了；有时在场地中间画一条一米左右宽的"楚河汉界"，两队各站一边，按规则踢来踢去，未踢过界的一方为输。无论是一个人单踢，还是几个人变换着花样对踢，都离不开"盘、拐、绷、蹬、磕、挑"等几个基本动作。在玩的过程中，我们用基本动作组成了许多套路。

"盘"是用脚向内侧踢，又称"盘毽子"，既可以单脚盘，也可以双脚对着相互轮换着盘。"拐"是用脚的外侧面去踢，可以一只脚重复踢，也可以双脚轮换着踢，我们把这种踢法也叫作"打拐拐脚"。"绷"是用脚背向上踢。"蹬"是用脚掌踢。"磕"是用膝盖将毽子弹起。"挑"是用脚尖踢。不管哪种踢法，都是以踢的个数定输赢。

最让我印象深刻的是以秀珍为首的那一组，毽子好像听她们的话一样。随着她们不断变换的踢法，毽子一会儿跃起落在脚背上，一会儿落在盘进的脚窝里，一会儿追着倒钩的脚跟，一会儿翻身站在笔直的脚尖上。毽子或者在肩上、背上、头顶上蹦跳，或者在手腕上、膝盖上、胳膊拐子上扭怩。让人看得眼花缭乱，目不暇接。尤其是秀珍先用前脚绷起，再用脚跟一抹一背，毽子高兴地跃起两三米，在空中画出一条美丽的弧线，等它落下再来个或盘或拐，让毽子在怀里撒会儿娇。这一连串的动作简直就是一段美妙的舞蹈，常常引得男生驻足喝彩。

那时候有一只漂亮的毽子是非常自豪的一件事。周围的商店里买不到现成的毽子，我们都是自己做。原材料主要是方孔铜钱、鸡毛、鹅毛管、小布条和棉线。做法其实也很简单。剪两块圆形的布片，包住讨来的一枚铜钱，周围缝实，这便是毽子底座了。剪一截三四厘米长的粗鹅毛管，把一头劈成三瓣或四瓣，向外折出一厘米，放在底座的方孔处，用线缝实。在另一头插上鸡毛，一只毽子就算做好了。说起来容易，做起来可愁人了。没有铜钱，可以用一枚常见的铁片垫圈儿代替；没有鹅毛管，可以用圆珠笔的油管儿来代替；没有漂亮的鸡毛，那是不行的。要么在逢年过节杀鸡的时候，捡拾漂亮的公鸡毛夹在书里存着；要么瞅好谁家的芦花公鸡，趁主人不在的时候，约上伙伴抓鸡拔毛。公鸡靠近翅膀末梢的后背上的毛，不但色泽鲜丽，而且又细又长，最适合插毽子了。说实话，小时候可没少为这挨训。谁家的公鸡变成丑八怪，肯定是我们的杰作，哪有不招祸的。

想到这里，我不禁哑然失笑。没承想在姐姐的蛊惑下，我们也来到楼院里踢起了毽子。姐姐腿脚灵活，反应也快，看来她早就拾起了这项技艺。尽管多年没踢了，但我基本功还在，先生也是个充满活力的人，自然不会服输。我们乐此不疲地踢着，仿佛忘记了年龄，忘掉了身份。因为不遗余力，踢得满头大汗。在稍做休息的一刹那，我才反应过来，我们踢飞的不仅是烦恼，还有成人的刻板。原来年轻和快乐这么容易，只需一只毽子而已。

（兰州市城关区正宁路小学　祁小红）

📖 资料袋

毽子的起源

踢毽子最早起源于汉代，由古代蹴鞠发展而来，盛行于南北朝和隋唐，至今已有两千多年的历史了。《帝京岁时纪胜》里有一首童谣唱道："杨柳青，放空钟；杨柳活，抽陀螺；杨柳发，打尜尜；杨柳死，踢毽子。"是说当柳叶落尽的初冬来临之际，踢毽子最为盛行，尤其是元旦、春节期间，踢毽子便成了小孩子十分喜爱的一项户外活动。《日下新讴》里有一首诗这样描写道："杨柳抽青复陨黄，儿童镇日聚如狂。空钟放罢寒冬近，又见围喧踢毽场。"清代一首《百戏竹枝词》也有对"踢毽子"的描写："青泉万迭雉朝飞，闲蹴鸳靴趁短衣。忘却玉弓相笑倦，攒花日夕未曾归。""攒花"，即踢毽子游戏，为了踢得方便，女孩子们只穿短衣，笑着闹着，到了日落都没回家，可见对踢毽子的痴迷程度。

因为踢毽子是一种很好的健身方式，它不需要多大地方和专门的场地及设备，也没有人数要求，运动量可大可小，有助于锻炼人的灵敏性和协调性，对于活动关节、加强韧带，促进人身体的全面发展，增强体质都有很好的作用，而且老少皆宜，所以，在1984年，国家体委正式将踢毽子列为全国比赛项目，改毽子为"毽球"，并颁布了《毽球竞赛规则》；1987年，中国毽球协会成立，此后每年都举办各类比赛。毽球运动已成为在全国普遍开展的热门体育项目。

1. 尝试自己动手做一个毽子，比比谁的更好踢。
2. 用你们自己做的毽子来一场踢毽子比赛吧。

第 47 课　跳皮筋

　　"池塘边的榕树上，知了在声声地叫着夏天；操场边的秋千上，只有蝴蝶停在上面。黑板上老师的粉笔还在拼命叽叽喳喳写个不停，等待着下课，等待着放学，等待游戏的童年……"这首熟悉的校园歌谣将我的记忆拉回了童年，拉回了童年的游戏场景。

　　在我的记忆里，跳皮筋是我们女孩子最难舍的游戏。跳皮筋也称"跳猴皮筋儿""跳松紧带"。只要捡到破损的自行车内胎或医用胶皮手套，我们就如获至宝。拿起剪刀小心翼翼地剪成一圈一圈的长条，打结连起来，就成了一副弹性好、韧性强的橡皮筋。那时的我们可稀罕皮筋了，每次跳完都把它洗净晾干。每当看到有的地方抻细了或有了磨损，别提多心疼了。为了防止细的一段下次跳的时候被抻断，我就把细的那段剪掉，再打结连接到一起，时间久了，一条皮筋上常常打满了结，越来越短，却始终不舍得扔掉……

　　一根细细长长的皮筋儿，可以容纳十几个伙伴在上面蹦来跳去。不过那时候，有些伙伴是拿不出一条像样的皮筋儿来的。小伙伴们的皮筋儿大都是一截儿猴皮筋儿、一截儿牛皮筋儿、一截儿松紧带儿拼凑起来的。好在那时我们并不讲究皮筋儿的好赖，只要能玩就行。

　　跳皮筋有单根和双根跳法。单根跳是用一根橡皮筋，两边各有一人拽着。拽皮筋的两个人的手，从大胯处开始，每跳完一曲后，上升一节至腰处、胳肢窝、肩部、耳部、头上、举半臂，最后一节手臂全举起。双根跳时，拽皮筋儿的两个人，可将皮筋儿套在身上，从脚脖开始一节一节往上升。只要按照规矩跳，不失误，就可连续跳至最后一节，全跳完为胜者。如果中间跳坏了就换人。人数不够的时候，就把一头套在椅背上，或者系在树上。只是每跳完一曲，就得停下来去调节高度。

跳皮筋从参与人数上来说，也分为单人跳和集体跳。单人跳由两人拉着约三四米长的皮筋儿，在皮筋儿的中间由单人依次跳。集体跳是将数条皮筋儿系成各种图案，如三角形、四方形、五角形、菱形、斜线形、八字形、波浪形等，由许多人同时参加，以各种技巧动作编排成组合动作，跳出各种花样。

最开心的是十几个女孩子在皮筋儿旁一字排开，十几双形形色色的小鞋子整齐地排成一行，有秩序地挨个踩在皮筋儿上。能够成为这支队伍中的一员，在这个庞大的阵营中站有一席之地，是一件非常荣耀的事情。旁边的男孩子一个个羡慕嫉妒恨，有的忍不住还要偷偷恶作剧，或绊住皮筋儿，或碰谁一下、推谁一下，惹得女孩子们一边大声地说着"走开，别捣乱"，一边用手推这些调皮的男孩子，将其"驱逐出境"……

无论单人跳还是集体跳，我们都有歌谣相配合。一来为了叫齐号令，使得动作整齐划一，免得出现失误；二来增强游戏的热闹氛围。按照歌谣的节奏，一边伸腿分别用脚尖、脚面、脚脖钩皮筋儿，一边唱起来："董存瑞十八岁，参加了革命游击队。炸碉堡，牺牲了，革命的任务完成了。""南京路上好八连，一条裤子穿九年，新三年，旧三年，缝缝补补又三年。""马兰花马兰花，风吹雨打都不怕，勤劳的人儿会说话，请你马上就开花。马兰开花二十一，二五六，二五七，二八二九三十一，三五六，三五七，三八三九四十一……"随着歌谣的不断推进，大家的脚一会儿钩，一会儿点，一会儿绕，一会儿转，一会儿掏，一会儿压，一会儿摆，一会儿踩。皮筋在我们脚下，时而伸展在空中荡漾，时而变成各种漂亮的图形。跳的过程中，如果要求踩到皮筋的时候没有踩到，或者不能踩到时偏偏踩到了皮筋，就会被大家宣告"死了"。这时要么等待同伴救你，要么只能换别人跳。一段歌谣唱完也就跳完了，虽然有时候累得气喘吁吁，但是没有一个人不愿继续。因为每跳完一曲，如果没有失误，皮筋儿就要向上升高一截，更富有挑战性。所以，一般情况下，要不是上课铃声或家长的召唤，大家谁也不会退出的。

现在偶尔听到这些熟悉的歌谣，还不免驻足观看，不由得喟叹：一根简单的皮筋，跳出了童年的趣；一首简单的童谣，唱出了童年的乐！仿佛自己又回到了童年时代。

（兰州市城关区教学研究室　陈丽宇）

综合拓展

1. 用身边的材料试着做一根皮筋儿。

2. 采访自己的妈妈，了解跳皮筋的歌谣。

3. 邀上三五好友一起来跳皮筋吧。

第 48 课　滚铁环

"哗啷哗啷……哗啷哗啷……"伴随着清脆而富有韵律的声音，一群背着书包的孩子滚着铁环，要么鱼贯式追去，要么雁行式跑来，那场面颇为壮观。仿佛他们滚动的不是铁环，而是驾驶着自己的汽车一样，那"哗啷哗啷"的声音，要比豪车的鸣笛声更让他们骄傲与自豪。

一个简单的铁环加上一把铁钩子组成的玩具，虽然看起来简陋，那可是20世纪六七十年代的男孩子们炫耀的宝贝。拥有铁环，就如同现在的孩子带着滑板上学一样，风光无限。

至今我依然记得爸爸给我做铁环的情景。院子里的小伙伴们都拥有自己的铁环，就我没有。虽然我还不会滚铁环，但是我铁了心要拥有一个自己的铁环，还要比别人滚得好！为了让爸爸同意给我做一个铁环，我努力了一段时间，不但数学成绩快速提高，而且按时背会了爸爸要我背诵的古诗。我的诚意终于打动了爸爸：他答应给我做一个铁环！那一瞬间，我觉得自己是世界上最幸福的人。

铁环的制作对我来说很难，对爸爸来说却很简单，因为我既找不到十号钢筋和八号铁丝，也无法解决铁环接头的焊接难题。可是我又担心他做出的铁环不合我的心意，所以在爸爸做的时候，我总是围着他转，不断地提出我的要求，生怕他做得不细心。

第二天下午放学回家后，看见爸爸不知从哪里找了一截锈迹斑斑的十号钢筋，约一米来长。爸爸一边在木桶上箍，一边用榔头敲。等钢筋服服帖帖地箍在木桶上后，去掉了木桶，用细铁丝缠好了接头，一个铁环的雏形就显现出来了。接着爸爸又拿出一截粗铁丝，用手钳在一头掰来掰去，做成阿拉伯数字3的样子，整个铁丝就像一个长长的耳朵旁，说这是手握的地方。然后把另一头先向左侧掰成一个倒着的U形，凹槽深浅约3厘米，再让顶端的凹槽向前

第**6**章　童年的记忆

折转90°，使U形的开口向上。一个精致的铁环把子成型了。爸爸递给我说："你不是左撇子，我是按你用右手滚铁环制作的把子，试一下，合适不？"我怕爸爸生气，小心地说："虽然把子手握的地方，比伙伴们的漂亮多了。但是铁环的接头这么大，滚起来肯定不好！"没想到爸爸说："这当然滚不好，等明天我拿到工厂里给你焊上不就好了？我再给铁环串上几个小环，保证你的铁环声音最好听！"我一下子跳起来搂着爸爸说："好啊，好啊！"爸爸是一名电焊工，这点小活难不倒他。

这一天过得好漫长啊，好不容易等到爸爸晚上下班回来，刚一开门我就快步跑了上去，还没等我开口问，爸爸就笑眯眯地从他的工具袋中取出了我的铁环。啊！好漂亮的铁环，特别圆，而且接头的地方基本看不出来，铁环上加了几个小铁环，一动"哗啷哗啷"作响，别提多带劲儿了。

我迫不及待地拿着铁环就往外面跑，饭都顾不得吃了。可是在别人手里"乖巧"的铁环，到我手里总是不"听话"。只要一松手，铁环就"咣啷"一声倒在地上，根本不像别人那样，能让铁环往前滚动。我试了很多次，都以失败告终，最后我把刚刚得到的铁环往地上一扔，像一只斗败的公鸡有气无力地坐在了地上。"怎么？这就不想学了？"不知什么时候爸爸站在了我身后，他温和地问我。"没有，没有，我只是觉得滚铁环挺难的。"我赶忙站起来，眼里噙着泪花说道。"莫急，莫急，我来教你。"爸爸一边给我示范一边讲解滚铁环的要领，原来滚铁环的关键之处在于掌握好平衡。滚铁环的时候，左手拿圈，右手握柄，然后再把铁环放在地上，把铁钩放在铁环的下半部分，要控制好铁钩离地的位置，铁钩与地面要有一定的角度，用把子前端的U形含住铁环的边缘往前一推，使铁环开始向前滚动。刚启动的时候，要掌握一定的速度，不能太快，否则会导致铁钩无法跟上铁环的速度而启动失败，造成铁环歪倒。在滚动过程中，用把子的凹槽推动铁环向前滚动，也可以用来控制方向，可直走也可拐弯。在爸爸的帮助下，我渐渐可以滚动铁环了，虽然滚不了多远就倒下了，但是爸爸说熟能生巧，只要勤加练习就能学会。那几天我就像着了魔一样，只要一写完作业就在自家的小院里练习，不记得过了多少天，有一天我忽然就能自如地控制铁环前进、拐弯了。从那一刻我懂得了爸爸告诉我的一个道理："勤能补拙"。

我终于可以和小伙伴们比试比试了。我们几个人一字儿排开，裁判员一声令下——"滚！"我和大家要么雁行式齐头并进，要么鱼贯式绕行，要么像离弦的箭一样，你追我赶，场面煞是热闹。很快，大家就发现了，我的铁环声音格外清脆，因为我的铁环上串的小铁环是铁片做的而且数量多点。当伙伴们过来看我的铁环的时候，我甭提多自豪了。

　　我们驾驭铁环越来越熟练了，就开始给自己增加难度，玩起障碍赛来。地上每隔一段距离就放着一个装满水的瓶子，或者摆上一些砖头、小石块，看谁能快速绕过障碍物。在滚动铁环绕障碍物的时候，还时不时地要让自己的铁环去撞击对手的铁环，若谁的铁环跌倒在地，或停滞不前，则马上被淘汰出局。这样的比赛既要快速地滚动铁环，还要控制铁环安全绕过障碍物；既要提防对手铁环的撞击，还要想办法把对手的铁环撞倒，真是其乐无穷。

　　很快，大家又不满足在平地上滚了。过土坎、过小沟、上台阶等障碍赛成了我们比赛的新项目。最难的是，在一道一米多宽的水沟上架上一块窄木板，大家比试过"独木桥"的本领；或者将铁环徒手滚出，看谁能以最快的速度跟上铁环，然后准确地用把子上的U形钩含住铁环，继续快速地前进。这铁环一滚起来，就舍不得放手。赢得第一的人总是喜不自胜，笑得合不拢嘴，输了的人却总是要求再战，最后人人都玩得满头大汗，可就是没有一个人自愿离开。

　　那时候，没有电视，没有手机，没有网络游戏。城市和乡村里，到处都能听到铁环滚动起来的悦耳响声与孩子们笑声的交响曲。爸爸给我做的铁环，虽然是个简单的玩具，却见证了我的成长，更见证了父亲对我的爱。如今只要耳畔响起那悦耳的清脆铁环声，爸爸和蔼的面庞就会浮现在我的眼前。

（兰州市城关区西北新村小学　邹洪涛）

📖 综合拓展

1. 学习滚铁环的技巧。

2. 来一场滚铁环比赛。

后记

　　我们根据《基础教育课程改革纲要（试行）》中"学校在执行国家和地方课程的同时，应视当地社会、经济发展的具体情况，结合本校的传统和优势，学生的兴趣和需要，开发和选用适合本校的课程"精神，着手编写了《乡韵》这本校本教材。在编写过程中，甘肃省特级教师谢瑞老师给予了我们悉心的指导，在此，我们深表感谢！兰州市城关区教学研究室教研员陈丽宇老师、城关区通渭路小学陈旭方校长也给予了积极指导和大力支持，并亲自参与了相关稿件的撰写；名师工作室的领衔名师邹洪涛，载着李光红、陈丽宇两位老师，遍访兰州南部山区，在制定课程纲要、选定素材、组织稿件方面，费力颇多。其间，也得到了各校教师的大力支持和协助，并提出了宝贵的建议，令我们非常感动。为彰显每位撰写者的辛苦，我们在每一篇稿件后面注明了撰写者的单位和姓名。在此，衷心地向这些参与者的学校和个人表示感谢！

　　在教材编写过程中，因水平有限，疏漏和问题在所难免，敬请老师和同学们指正。

《乡韵》编写组

2018年12月19日